AF461093

RECUEIL
DES ÉDITS, ARRÊTS,
LETTRES PATENTES,
Déclarations, Règlemens & Ordonnances, imprimés à Lille.

ANNEE 1771.

A LILLE,
Chez N. J. B. PETERINCK-CRAMÉ, Imprimeur ordinaire du Roi.

TABLE

PAR ORDRE DE DATES,

DES Edits, Lettres Patentes, Déclarations du Roi, Arrêts du Conseil, Règlemens, &c. imprimés pendant l'année mil sept cent soixante-onze.

AOUST 1770.

9 JUGEMENT Prévôtal rendu contre Joseph Trachez, accusé & convaincu d'avoir favorisé la désertion.

DÉCEMBRE.

10 Jugement Prévôtal rendu contre Joseph Peries, accusé & convaincu d'être errant & vagabond.

19 Arrêt du Conseil d'Etat du Roi, qui accorde un délai, aux Comptables & leurs Contrôleurs, désignés dans l'Edit du mois de Février 1770, pour payer leur supplément de finance porté par ledit Edit

27 Declaration du Roi, concernant le commerce des Grains.

1771.

JANVIER. Edit du Roi Henry II. contre les femmes qui célent leur grossesse, donné à Paris au mois de Février 1556.

3 Ordonnance de M. de Caumartin, qui fait défenses aux cabaretiers de tenir leurs cabarets ouverts, & d'y donner à boire & à manger pendant le service divin, & après huit heures du soir en hyver, & dix heures en été.

13 Déclaration du Roi, portant règlement sur la forme dont il sera pourvu à l'avenir aux Offices de Lieutenans des Maréchaux de France, & de Conseillers-Rapporteurs & Secrétaires-Greffiers du point d'honneur; & pour le paiement de leurs gages, pensions & gratifications.

17 Ordonnance pour la clôture de la Chasse.

25 Arrêt du Conseil d'Etat du Roi, portant réduction des droits à la sortie du Royaume, sur les Papiers peints, appellés Tontisses; & ordonne que les fabricans seront tenus de mettre le nom sur chaque rouleau de ces Papiers.

FÉVRIER. Edit du Roi, qui établit un droit de deux sols sur l'Amidon.

Edit du Roi, concernant les Offices de Jurés-Priseurs-Vendeurs de Meubles.

Edit du Roi, portant création de Conseils supérieurs.

Edit du Roi, concernant l'évaluation des Offices.

1. Lettres Patentes du Roi, qui acceptent les offres des Baillis & Magistrats des Villes & Bourgs de la Flandre maritime, & des Châtellenies de Lille, Douay & Orchies, de la somme de quatre-vingt-seize mille neuf cent cinquante livres par année, pour tenir lieu du Don gratuit.

15 Ordonnance de M. de Caumartin, rendue sur requête, qui permet l'usage des bateaux appellés bourois & demi-bourois de la basse-Deûle dans la haute.

28 Ordonnance de M. de Caumartin, concernant le droit de Franc-fief.

MARS.

21 Ordonnance des Présidens & Tréforiers de France, Généraux des Finances, Juges des Domaines de la généralité de Flandres, Artois, Haynaut & Cambresis.

AVRIL. Edit du Roi, pour confirmation des Anoblis depuis 1715.

7 Arrêt du Conseil d'Etat du Roi, qui fixe le nombre de chevaux qui pourront être attelés aux charrettes à deux roues.

15 Lit de Justice tenu par le Roi au Château de Versailles.

24 Arrêt de la Cour de Parlement, qui ordonne que l'imprimé intitulé : *Arrêt de la Cour de Parlement de Rouen*, sera lacéré & brûlé en la cour du Palais, par l'exécuteur de la haute justice

26 Arrêt du Conseil, qui casse & annulle les deux Arrêts rendus par la Cour de Parlement de Rouen.

MAI. Edit du Roi, portant suppression, remboursement & création d'Offices dans le Châtelet de Paris.

Edit du Roi, portant règlement pour la clôture des héritages, dans les provinces de Flandres, Haynaut & Pays y réunis, avec abolition du droit de Parcours.

11 Ordonnance de M. de Caumartin, qui suspend, jusqu'à nouvel ordre, l'effet de toutes permissions que Nous aurions accordées pour l'enlèvement d'aucuns grés des carrières de la Flandre.

21 Arrêt du Conseil, qui autorise les Etats de Lille, Douay, & Orchies, à faire prendre les matériaux, pour la fabrication des pavés & autres nécessaires pour la construction & réparation des chemins, dans tous les fonds & terreins desdites Châtellenies où il s'en trouvera, à la charge par eux de payer aux propriétaires desdits fonds & terreins, le dixième de la valeur des grés & gresseries qui en seront tirés, déduction faite de tous frais.

26 Arrêt du Conseil, qui ordonne que les droits à la circulation des peaux & poils de lièvres & de lapins, seront perçus à l'entrée & à la sortie des cinq grosses Fermes, conformément au tarif de 1664; & dans les provinces réputées étrangères, suivant les tarifs qui y ont lieu.

Arrêt du Conseil, portant révocation des privilèges de l'exemption du paiement des droits dans la mouvance du Roi.

JUIN.

7 Ordonnance de Nosseigneurs les Présidens & Trésoriers de France, Généraux des Finances, Juges des Domaines & Grands-Voyers de la généralité de Flandres, Artois, Haynaut & Cambresis, portant défenses à tous particuliers de faire ou ériger aucuns moulins à eau, à vent, à bras ou a cheval, qu'au préalable ils n'en aient obtenu la permission de Sa Majesté, à peine de démolition & de confiscation des matériaux, conformément aux placards de 1547, 1628, & Arrêts de 1678, 1700 & 1701.

15 Déclaration du Roi, portant rappel des Prêtres décrétés ou bannis.

16 Arrêt du Conseil, portant règlement pour la perception des droits seigneuriaux dus à Sa Majesté, lors des mutations des biens assis dans les mouvances & directes dépendantes de ses Domaines.

27 Arrêt du Conseil, qui permet aux marchands & négocians de la ville de Lille, d'avoir chez eux tels poids qu'ils jugeront convenables, & y peser toutes les marchandises, sans être tenus de les porter au poids public, à la charge, par chaque classe de marchands, de payer au Fermier du Tonlieu, le montant des droits qu'ils se trouveront devoir, suivant le tarif annexé au présent Arrêt.

JUILLET. Edit du Roi, portant suppression des Offices du Parlement de Besançon.

Edit du Roi, portant création d'Offices dans le Parlement de Besançon.

7 Arrêt du Conseil & Lettres Patentes sur icelui, concernant les Offices de Jurés-Priseurs-Vendeurs de Biens-Meubles.

10 Arrêt de la Cour des Monnoies, qui fait défenses à toutes personnes quelconques, de donner ni de recevoir, pour aucune valeur, les pièces dites de quatre sous, décriées par Edit du mois de Janvier 1716, ni aucunes autres pièces de monnoie, dont l'empreinte seroit totalement effacée, à peine d'être poursuivis extraordinairement, & punis comme billonneurs.

28 Ordonnance de M. de Caumartin, qui fait défenses à toutes personnes, autres que les apoticaires & droguistes, de s'ingérer de vendre des remédes, drogues, médicamens ou poisons, à peine de trois cens livres d'amende.

31 Arrêt de la Cour des monnoies, qui fait défenses à toutes personnes, marchands en gros ou en détail, manouvriers & à tous autres, de quelqu'état, qualité & condition qu'elles soient, de refuser dans les paiemens aucune des pièces d'or, d'argent & de billon, dont l'empreinte sera visible, & sur lesquelles de l'un ou de l'autre côté d'icelles, il paroîtra quelques marques de l'empreinte qu'elles ont reçue, à peine contre les contrevenans d'emprisonnement, & d'être punis comme billonneurs.

AOUST Edit du Roi, portant suppression du Parlement de Flandres.

2 Ordonnance pour l'ouverture de la Chasse.

4 Ordonnance du Roi, pour former les bataillons de milice en régimens provinciaux.

17 Lettres Patentes du Roi, par lesquelles le Roi réserve sous le titre d'Huissiers ou Sergens royaux, les Offices de Jurés-Priseurs-Vendeurs de Biens-Meubles, supprimés par Edit de Février dernier.

21 Arrêt du Conseil, qui défend de faire sortir à l'étranger des matières propres à la fabrication du papier & à la formation de la colle : Et fixe les droits que lesdites matières, qui seront apportées de l'étranger, payeront à leur entrée dans le royaume.

Arrêt du Conseil, qui ordonne que la régie & exploitation des droits sur l'Amidon & la Poudre à poudrer, établis par Edit du mois de Février dernier, & de ceux ſur les Papiers & Cartons, établis par la Déclaration du premier Mars auſſi dernier, ſera faite par *Julien Alaterre*, Bourgeois de Paris.

SEPTEMBRE.

5 Arrêt du Conſeil, portant règlement en faveur des pourvus d'Offices des Chancelleries près les Cours, qui ont payé le ſupplément de finance ordonné par Edit de Septembre 1755; enſemble des Anoblis par Lettres ou autres titres, & de leurs enfans & deſcendans qui ſont dans le cas de jouir de l'exemption du droit de confirmation de Nobleſſe, portée par Edit du mois d'Avril dernier: Et qui accorde la diſpenſe des deux ſous pour livre à ceux des Commiſſaires & Contrôleurs des Guerres, qui payeront dans trois mois la finance pour laquelle ils ſont compris audit Etat.

15 Arrêt du Conſeil & Lettres Patentes ſur icelui, qui fixent le prix auquel les matières d'or & d'argent ſeront reçues au Change des Hôtels des Monnoies.

Arrêt du Conſeil, qui ordonne qu'à compter du premier Janvier 1772, *Julien Alaterre*, Adjudicataire des Fermes générales, fera, pour le compte de Sa Majeſté, la perception des droits de Contrôle, Inſinuation, centième denier, & Petit-ſcel, qui avoient été abonnés pour ſix années aux Etats, Magiſtrats, Mayeurs & Echevins des provinces de Flandres, Haynaut & Artois.

22 Lettre de M. le Marquis de Monteynard, Miniſtre & Secrétaire d'Etat, concernant les marques de la Vétérance.

OCTOBRE.

6 Ordonnance de M. de Caumartin, qui ordonne l'exécution de l'Arrêt du Conſeil du 21 Décembre 1770, & la Déclaration du 27 du même mois; en conſéquence fait défenſes d'acheter ou vendre des grains ou farines ailleurs que dans les halles, marchés, ou ſur les ports ordinaires des Villes, Bourgs & lieux de notre Département.

16 Arrêt du Conſeil, portant règlement pour la perception du droit ſur l'Amidon.

Arrêt du Conſeil, portant modération & interprétation de pluſieurs articles du tarif des droits ſur les Papiers & Cartons, annexé à la Déclaration du premier Mars 1771.

20 Arrêt du Conſeil & Lettres Patentes ſur icelui, portant établiſſement d'un droit nouveau ſur le Poiſſon frais de Mer; ſuppreſſion des quatre franches foires des beſtiaux,

dits pieds-fourchés, & des droits de l'avoir de poids.

23 Ordonnance de M. de Caumartin, qui fait défenses aux habitans des lieux de la Flandre Walonne & Maritime, infectés de la maladie contagieuse, d'introduire aucuns de leurs bestiaux, tant sains que malades, sous peine de saisie & d'amende.

NOVEMBRE.

8 Arrêt du Conseil, qui ordonne qu'il sera sursis à l'exécution de l'Arrêt du 15 Septembre dernier; en conséquence que les abonnemens des droits de Contrôle, Insinuation, Centième denier & Petit-scel, accordés pour six années aux Etats, Magistrats, Mayeurs & Echevins des provinces de Flandres, Haynaut & Artois, continueront d'avoir lieu, jusqu'à ce qu'autrement il en soit ordonné.

12 Ordonnance de M. de Caumartin, qui ordonne que tous voituriers quelconques, seront tenus de détourner leurs voitures, & de les faire passer sur le chemin qui est à côté de la chaussée, lors du passage des couriers chargés du service de la Poste aux lettres & aux chevaux, sous peine de cent livres d'amende.

23 Arrêt du Conseil, qui fait défenses de faire sortir à l'étranger, par la ville de Dunkerque, sous prétexte de la franchise de son port, aucuns vieux linges, chiffons, vieux drapeaux, pâtes, rognures de peaux & de parchemin, & autres matières propres à la fabrication du papier & à la formation de la colle.

Fin de la Table par ordre de dates.

JUGEMENT
PREVOTAL
ET EN DERNIER RESSORT,

Rendu contre JOSEPH TRACHEZ, *accusé & convaincu d'avoir favorisé la Désertion.*

U par Nous, JOSEPH - ALEXANDRE IMBERT, Ecuyer, Seigneur d'Ennevelin, Conseiller du Roi, Prévôt général de la Maréchaussée de Flandres & d'Artois, le Procès extraordinairement fait & instruit à la Requête du Procureur du Roi de ladite Maréchaussée, demandeur & complaignant contre certain Quidam accusé; la plainte dudit Procureur du Roi du dix-sept Janvier mil sept cent soixante-dix, tendante à ce qu'il soit permis d'informer, Ordonnance sur icelle contenant ladite permission; Information faite en conséquence les vingt-trois & trente dudit mois de Janvier ; Décret de prise de corps décerné contre Barthélémi Georges & Joseph Trachez, accusés du cinq Février suivant ; Procès-verbal de perquisition de la personne dudit Joseph Trachez, du trente Mars de ladite année ; Jugement rendu par les Lieutenant général & autres Officiers de la Gouvernance & souverain Bailliage de Lille, le trente Avril de la même année, par lequel le Prévôt de la Maréchaussée de Flandres est déclaré compétant pour faire & parfaire le Procès audit Joseph Trachez, & le juger prévôtalement en dernier ressort & sans appel, & ordonné que l'instruction du Procès dudit Trachez sera continuée avec ledit Barthélémi Georges, sauf après qu'elle sera finie, à renvoyer ledit Georges au Conseil de Guerre, pour y être jugé sur le fait de désertion ; ledit Jugement prononcé sur le champ audit Barthélémi Georges ; assignation donnée audit Joseph Trachez, à comparoître à la quinzaine du trente Mai suivant ; autre Assignation à lui donnée, par un seul cri public, à comparoir à la huitaine du dix-neuf Juin ; Jugement du dix-neuf Juillet suivant, portant que les Témoins ouïs en ladite information, & ceux qui pourront être ouïs de nouveau, seront recollés en leurs dépositions, & vaudra le recollement pour confrontation audit Joseph Trachez, accusé, que ledit Barthélémi Georges sera répété en ses interrogatoires, & vaudra la répétition pour confrontation audit Joseph Trachez ; Intérogatoires subis par ledit Barthélémi Georges, les sept Janvier, cinq Février & trente Avril mil sept cent soixante-dix ; répétition dudit Georges en ses Interrogatoires du dix-neuf Juillet ; Conclusions du Procureur du Roi : Tout considéré.

Nous, par Jugement Prévôtal & en dernier ressort, déclarons la Contumace bien instruite contre ledit Joseph Trachez, & adjugeant le profit d'icelle, le déclarons duement atteint & convaincu d'avoir, le quatre Janvier dernier, procuré des vieux haillons audit Barthélémi Georges, pour déserter, de s'être emparé de l'uniforme qu'il portoit, & de l'avoir conduit contre ſon gré ſur Terres étrangères, où il l'a abandonné: Pour réparation de quoi, condamnons ledit Joſeph Trachez, accuſé, à être pendu & étranglé juſqu'à ce que mort s'enſuive, à une potence qui ſera pour cet effet dreſſée ſur la grande Place de cette Ville, le condamnons en outre aux dépens du Procès, frais & miſes de Juſtice; & ſera le préſent Jugement exécuté par effigie en un Tableau qui ſera attaché à ladite potence par l'exécuteur de la Haute-Juſtice. Ordonnons que ledit Barthélémi Georges, ſera remis au Conſeil de Guerre, pour y être jugé; & que le préſent Jugement ſera lû, publié & affiché par-tout où il appartiendra.

Lequel Jugement a été rendu par Nous Henri-Joſeph Maupoin de Vandeul, Ecuyer, Conſeiller du Roi, Lieutenant de la Maréchauſſée de Flandres, auquel ont aſſiſté les Lieutenant général & autres Officiers de la Gouvernance & ſouverain Bailliage de Lille, ſouſſignés.

Fait en la Chambre du Conſeil de ladite Gouvernance & ſouverain Bailliage de Lille, le onze Août mil ſept cent ſoixante-dix. Etoient ſignés, *Duſart de Bouland*, *Lambelin de Beaulieu*, *de Maſur*, *Maupoint de Vandeul*, *le Clercq*, *Queſtroy*, *Duqueſne de Surparcq* & *Duriez*, Avocat Aſſeſſeur.

L'an mil ſept cent ſoixante-dix, le quatorze Août, le le préſent Jugement a été exécuté en effigie, ſur la grande Place de cette Ville, en conformité dudit Jugement, préſent & ce requérant Me. *Pierre-Joſeph Cadran*, Procureur du Roi, témoin le Greffier de la Maréchauſſée générale de Flandres, ſouſſigné. *Signé*, PETIT.

Lille: De l'Imprimerie de N. J. B. PETERINCK-CRAMÉ, Imprimeur ordinaire du Roi.

JUGEMENT
PREVOTAL
ET EN DERNIER RESSORT,

Rendu contre Joseph Peries, *accusé & convaincu d'être errant & vagabond.*

U par Nous, Joseph-Alexandre Imbert, Ecuyer, Seigneur d'Ennevelin, Conseiller du Roi, Prévôt-général de la Maréchaussée de Flandres & d'Artois, le Procès extraordinairement fait & instruit à la Requête du Procureur du Roi de ladite Maréchaussée, demandeur & complaignant contre Joseph Peries, accusé; la plainte dudit Procureur du Roi, du quatre Avril mil sept cent soixante-dix, tendante à ce qu'il soit permis d'informer & de faire écrouer ledit Joseph Peries; Ordonnance sur icelle contenant ladite permission; Acte d'écroue à lui signifié ledit jour quatre Avril; Information faite en conséquence du vingt-quatre du même mois; Jugement rendu le vingt-huit Mai suivant, par les Lieutenant-général & autres Officiers de la Gouvernance &

ſouverain Bailliage de Lille, par lequel il eſt ordonné audit Peries, de juſtifier en dedans trois mois péremptoirement, de ſes bonnes vie & mœurs, domicile & profeſſion ; autre Jugement rendu par leſdits Officiers le onze Octobre de la préſente année, par lequel le Prévôt de la Maréchauſſée de Flandres eſt déclaré compétant pour faire & parfaire le Procès audit Joſeph Peries, & le juger prévôtalement en dernier reſſort & ſans appel, attendu que ledit Peries n'a pû juſtifier dans le délai à lui accordé, ni d'un domicile ni d'une profeſſion, ni ſe faire avouer par perſonne digne de foi, ledit Jugement à lui prononcé ſur le champ ; Jugement du huit Novembre dernier, par lequel il ordonne que les témoins ouïs en l'information, & ceux qui pourront être ouïs de nouveau, ſeront recollés en leurs dépoſitions, & ſi beſoin eſt, confrontés audit accuſé ; recollement & confrontation deſdits témoins à l'accuſé, du dix-ſept dudit mois de Novembre ; Interrogatoires ſubis par ledit Joſeph Peries le quatre Avril, vingt-un Août, onze Octobre & premier Décembre de l'année mil ſept cent ſoixante-dix ; Concluſions du Procureur du Roi ; Interrogatoire ſubi par ledit Joſeph Peries, le dix Décembre de la même année, étant aſſis ſur la ſellette en la Chambre du Conſeil. Tout conſidéré.

Nous, par Jugement prévôtal & en dernier reſſort, avons déclaré & déclarons ledit Joſeph Peries, duement atteint & convaincu d'être errant & vagabond ; pour réparation de quoi, le condamnons à être mené & conduit aux Galères du Roi, pour y ſervir comme forçat pendant l'eſpace de trois ans, préalablement flêtri ſur l'épaule dextre d'un fer chaud marqué des Lettres G. A. L. le condamnons en outre aux dépens du Procès, frais & miſes de Juſtice.

Lequel Jugement a été rendu par Nous Jean-Baptiſte-François Toulet, Ecuyer, Conſeiller du Roi, Lieutenant de la Maréchauſſée de Flandres, auquel ont aſſiſté les

Lieutenant - général & autres Officiers de la Gouvernance & ſouverain Bailliage de Lille, ſouſſignés.

Fait en la Chambre du Conſeil de ladite Gouvernance & ſouverain Bailliage de Lille le dix Décembre mil ſept cent ſoixante - dix. Etoient ſignés, Duſart de Bouland, Lambelin de Beaulieu, H J. de Savary, le Chevalier Toulet, Duretz, de Maſur, le Clercq, Duqueſne, Queſtroy, Duqueſne de Surparcq & Duriez, Avocat Aſſeſſeur.

L'an mil ſept cent ſoixante-dix, le quatorze Décembre, le préſent Jugement a été prononcé audit Joſeph Peries, dans la Chambre de Juſtice des Priſons royales de la ville de Lille ; de ſuite ledit Peries a été marqué par l'exécuteur de la haute Juſtice, des Lettres G. A. L. en conformité dudit Jugement ; préſent & ce requérant, Me Pierre-Joſeph Cadran, Procureur du Roi, témoin le Greffier de la Maréchauſſée générale de Flandres, ſouſſigné.

Signé, PETIT.

De l'Imprimerie de N. J. B. PETERINCK - CRAMÉ, Imprimeur ordinaire du Roi.

ORDONNANCE

De M. l'Intendant de Flandres & Artois.

Commerce de Vin en gros.

AU pied d'une Requête présentée à M. DE CAUMARTIN, le 10 Décembre 1770, par M. THIERRY, Directeur des droits des Quatre-Membres de la Flandre maritime, tendante à ce qu'il lui plût, après avoir examiné l'Art. 38 de l'Ordonnance des Quatre-Membres, du 27 Avril 1672, concernant la faculté accordée de faire le ſtile de Marchands dans les Villes cloſes ou murail-lées; le Jugement contradictoire du Bureau des Finances, du 10 Mai 1768, rendu en conformité dudit Art. 38; le Réglement de ce même Bureau, du 17 Février 1769, dérogeant, tant audit Article qu'au Jugement susdaté, l'usage observé du temps de Mrs. les Fermiers-Généraux & des Chefs-Colléges, relativement au Commerce de Vin en gros, enfin les représentations tant des différentes personnes de considération de ladite Province, que de M. LENGLÉ, *son Subdélégué-Général, décider & prononcer, s'il convenoit ou non au bien de la Province, & à celui de la Régie des droits des Quatre-Membres, de multiplier les etablissemens des Marchands de Vin en gros dans la Province, au-delà du nombre fixé par ledit Réglement du Bureau des Finances, du 17 Février 1769, est l'Ordonnance de M. l'Intendant, dont la teneur suit, rendue pendant son dernier voyage de Flandres.*

VU la présente Requête, & attendu qu'il peut résulter des inconvéniens sensibles, tant pour les habitans de la Flandre, que pour l'intérêt même de la Régie des droits des Quatre-Membres, de l'exécution trop rigoureuse de l'Article 38, de l'Ordonnance du 27 Avril 1672.

Nous, Intendant, avons autorisé & autorisons

le ſieur THIERRY, Directeur de ladite Régie, à donner aux Marchands qui ſe préſenteront, & en tel nombre qu'il jugera convenable, des Permiſſions d'exercer le Commerce de Vin en gros, dans les Villes du Plat-Pays de la Flandre maritime non cloſes de murailles, leſquelles Permiſſions auront leur effet indépendamment de toutes Ordonnances antérieures, & qui ſeroient à ce contraires; permis au Suppliant, de faire imprimer la préſente Ordonnance, & la faire publier ſi beſoin eſt.

FAIT à Dunkerque, le 14 Décembre 1770.

Signé, CAUMARTIN

LILLE : De l'Imprimerie de N. J. B. PETERINCK-CRAMÉ, Imprimeur ordinaire du Roi.

ARREST
DU CONSEIL D'ETAT
DU ROI,

Qui accorde un delai aux Comptables & leurs Contrôleurs, déſignés dans l'Edit du mois de Février 1770, pour payer leur ſupplément de Finance porté par ledit Edit.

Du 19 Décembre 1770.

Extrait des Regiſtres du Conſeil d'Etat.

VU par le Roi, étant en ſon Conſeil, l'Edit du mois de Février 1770, par lequel Sa Majeſté auroit créé deux cent mille livres d'augmentation de Finance, au denier vingt, pour être répartie entre les différens Comptables y déſignés & les Contrôleurs deſdits Comptables, en payant par eux, chacun pour ce qui les concerneroit, les ſommes pour leſquelles ils ſeroient compris dans les rôles qui ſeroient arrêtés au Conſeil à cet effet, enſemble les deux ſous pour livre, & ce en quatre payemens égaux, dont le premier dans trois mois, à compter du jour de la publication dudit Edit; & les trois autres successivement de trois mois en trois mois, & accordé l'exemption des deux sous pour livre à ceux qui auroient payé moitié dans les trois premiers mois, & completé la totalité dans les trois mois suivans. Vu aussi la Déclaration donnée en conséquence dudit Edit le 20 Mars 1770, l'Etat de répartition y annexé, & le rôle arrêté au Conseil le premier Mai suivant: Et sur ce qui a été représenté à Sa Majesté, qu'il se trouve quelques-uns desdits Officiers qui n'ont point satisfait au payement des sommes pour lesquelles ils y sont compris, Sa Majesté auroit jugé qu'il étoit de sa bonté de leur accorder un délai suffisant pour y satisfaire, & s'affranchir des deux sous pour livre. A quoi voulant pourvoir: Ouï le rapport du sieur Abbé Terray, Conseiller ordinaire au Conseil Royal, Contrôleur-général des Finances; LE ROI ÉTANT EN SON CONSEIL, en dérogeant à cet égard seulement audit Édit du mois de Février 1770, a ordonné & ordonne que ceux desdits Comptables & leurs Contrôleurs, désignés dans ledit Edit, qui peuvent se trouver en retard d'avoir satisfait au Supplément de Finance porté par icelui, & qui l'auront completé avant le premier Février prochain, seront & demeureront déchargés des deux sous pour livre: Veut Sa Majesté que ledit délai expiré, ceux qui n'auront pas completé ledit Supplément, n'y puissent être admis qu'en payant les deux sous pour livre; & que faute par eux d'avoir acquitté en totalité, tant ledit Supplément que les deux sous pour livre d'icelui, au 20 Mars aussi prochain, ils y soient contraints comme pour les propres deniers & affaires de Sa Majesté, à la poursuite & diligence de Pierre-Nicolas Morlet, que Sa Majesté a commis & commet à cet effet, par saisie de leurs gages & taxations, & autres voies qu'il appartiendra: Veut pareillement Sa Majesté qu'ils ne puissent être admis à l'annuel pour la conservation de leurs Offices, ni à les réſigner qu'en juſtifiant dudit payement : Faiſant défenſes aux Gardes des rôles d'en préſenter les proviſions au ſceau, qu'il ne leur en ſoit apparu, à peine d'en répondre en leur propre & privé nom. Sera au ſurplus l'Edit du mois de Février, exécuté ſelon ſa forme & teneur, en ce qui n'y eſt dérogé par le préſent Arrêt, qui ſera imprimé, lu, publié & affiché par-tout où beſoin ſera, & ſur lequel toutes lettres néceſſaires ſeront expédiées. FAIT au Conſeil d'Etat du Roi, Sa Majeſté y étant, tenu à Verſailles le dix-neuf Décembre mil ſept cent ſoixante-dix. *Signé*, PHELYPEAUX.

ANTOINE-LOUIS-FRANÇOIS LE FEVRE DE CAUMARTIN, *Chevalier, Marquis de St.* ANGE, *Comte de Moret, Seigneur de Caumartin, Boiſſy-le-Châtel, Ville-Cerf, Dormeilles, Ville St. Jacques, Stagny, la Commanderie & autres Lieux, Conſeiller du Roi en ſes Conſeils, Maître des Requêtes ordinaire de ſon Hôtel, Intendant de Flandres & d'Artois.*

Vû l'Arrêt du Conſeil d'Etat du Roi ci-deſſus, & les Ordres particuliers à Nous adreſſés, Nous ordonnons que ledit Arrêt ſera lu, publié & affiché par-tout où beſoin ſera. FAIT à Lille le 15 Janvier 1771.

Signé, CAUMARTIN.

Lille : De l'Imprimerie de N. J. B. PETERINCK-CRAMÉ, Imprimeur ordinaire du Roi.

ORDONNANCE

De M. l'Intendant de Flandres & d'Artois.

Rétribution & Salaires des Commis pour les Sommations & autres Actes.

En marge d'une Requête présentée à M. de Caumartin, *par M.* Thierry, *Directeur des droits des Quatre-Membres de la Flandre Maritime, le 30 Octobre 1770, tendante à ce que, pour éviter à frais de la part des Huissiers de Dunkerque, il fut permis aux Commis du Domaine de cette Ville, de faire les Sommations & tous Actes nécessaires pour le rapport des Acquits à Caution duement déchargés pour les Boissons enlevées de Dunkerque, moyennant les Rétributions & Salaires qu'il plairoit à M. l'Intendant de fixer, est l'Ordonnance de ce Magistrat, dont la teneur suit.*

VU la présente Requête, & l'Ordonnance de M. de Bernieres, du 2 Novembre 1699.

NOUS autorisons le Suppliant à faire faire par ses Commis les sommations & tous Actes nécessaires pour le rapport des Acquits à Cautions duement déchargés pour les Boissons enlevées de Dunkerque, auquel effet il leur sera payé cinq sols, ci, - - - - - - - - - - - - *sols.* 5 . *den.* 0
pour les Sommations faites en ladite Ville.

Sept sols six deniers, pour celles faites dans la Campagne, ci, - - - - - - - - - - 7 . 6

Et dix sols pour les Assignations sur lesdites Sommations, ci, - - - - - - - - - - 10 . 0

laquelle Rétribution aura lieu, soit que les Négocians rapportent leurs Acquits à Caution duement déchargés pendant la huitaine, soit immédiatement après son expiration. Fait par

Nous, Intendant de Flandres & d'Artois, à Arras le 20 Novembre 1770. *Signé*, CAUMARTIN.

AU PIED D'UNE AUTRE REQUÊTE, en date du 22 Décembre 1770, présentée par ledit Sr: Directeur, tendante à ce qu'il plût à M. de Caumartin, interpréter, en tant que besoin seroit, son Ordonnance du 20 Novembre 1770, concernant la Rétribution & le Salaire desdits Employés en cas de Procès-verbaux, Sommations & Assignations à l'Intendance données aux Négocians de Dunkerque, rendre commune sadite Ordonnance pour les Villes & la Campagne de la Province de Flandres, en ce qui concerne les Procès-verbaux, Sommations & Assignations que lesdits Commis seroient dans le cas de donner aux Négocians & autres, pour ledit rapport des Acquits à Caution duement déchargés, & fixer en outre les Rétributions & Salaires qui leur appartiendroient dans les Villes & Campagnes de ladite Province, pour les Actes, Exploits, Sommations, Commandemens, Protestations & autres Actes qu'ils donneroient aux Redevables des droits des Quatre-Membres, est l'Ordonnance de M. l'Intendant, dont la teneur suit.

VU la présente Requête, & notre Ordonnance du 20 Novembre dernier.

NOUS, INTENDANT de Flandres & d'Artois, en interprétant notre susdite Ordonnance, déclarons que les premières Sommations qui seront faites par les Commis du Domaine, ne contiendront pas d'Assignation, & tiendront lieu d'avertissement; & que les secondes Sommations qui seront données par lesd. Commis aux Négocians & autres qui auront fait leurs soumissions huit jours après lesdites premières Sommations, faute par eux d'y satisfaire, contiendront Assignation pardevant Nous, Ordonnons dans le premier cas, que la Rétribution qui sera payée aux Commis, sera dans la ville de Dunkerque

	sols	*den.*
de cinq sols, ci, - - - - - - - - - - - -	5 .	0
Et dans la Campagne de sept sols six deniers; - - - - - - - - - - - - - -	7 .	6
Dans le second cas, que ladite Rétribution sera de dix sols, ci - - - - - - - - - - - -	10 .	0

tant dans lad. Ville, que dans la Campagne, soit que les Négocians ou autres rapportent leurs Acquits à Caution duement déchargés en vertu des premières Sommations, soit qu'ils les rapportent en vertu des secondes, avant ou après l'expiration des délais desd. Sommations & Assignations, laquelle Rétribution de cinq sols & sept sols six deniers ne sera pas payée auxdits Commis, lorsque lesdits Négocians & autres leur auront payé celle de dix sols, qui sera seule due pour les Assignations, dont il s'agit; AUTORISONS en outre les Employés à faire tous Exploits, Sommations, Significations & Actes, de quelque espéce qu'ils puissent être, tant pour le rapport desdits Acquits à Caution duement visés & déchargés, que pour l'Exploitation, Régie & Recouvrement desdits droits du Roi; Ordonnons qu'il sera payé auxdits Commis dans les Villes de la Flandre où ils résident, & dans la Campagne, les sommes ci-dessus spécifiées, pour la Ville & les environs de Dunkerque, pour ce qui concerne le rapport desdits Acquits à Caution; & quant aux Actes, Exploits, Sommations & Procès-verbaux relatifs auxdits Acquits à Caution, ils leur seront payés à raison de sept sols six deniers dans les Villes où ils résident, & dans leurs dépendances, ci

	sols.	*den.*
ci - -	7 .	6
Et à dix sols dans la Campagne; ci - - - -	10 .	0

leur faisons défenses d'exiger ou se faire payer, sous tel prétexte que ce puisse être, d'autre Rétribution sous les peines portées par l'Ordonnance de M. de Bernieres, du 2 Novembre 1699; comme aussi de se faire payer aucuns frais par les Redevables & autres pour les Assignations qu'ils donneront par le même contexte des Procès-verbaux, ou à la suite d'iceux: Permettons au Suppliant de faire imprimer, lire & publier, tant notre présente Ordonnance que celle du 20 Novembre dernier, partout où besoin sera, à ce que personne n'en ignore. Fait à Lille, le 26 Décembre 1770. *Signé*, CAUMARTIN.

Lille: de l'Imprimerie de N. J. B. PETERINCK-CRAMÉ, Imprimeur ordinaire du Roi.

DECLARATION DU ROI,

Donnée à Verſailles le 27 du mois de Décembre 1770 ;

Concernant le Commerce des Grains.

LOUIS, PAR LA GRACE DE DIEU, ROI DE FRANCE ET DE NAVARRE : A tous ceux qui ces préſentes Lettres verront ; SALUT. Nous étant fait rendre compte, tant du prix des Grains, que de l'exécution de notre Déclaration du vingt-cinq Mai mil ſept cent ſoixante-trois, & de notre Edit de Juillet mil ſept cent ſoixante-quatre ; Nous avons penſé qu'il étoit de notre ſageſſe, pour réprimer des abus qui troublent ce Commerce, de renouveller certaines diſpoſitions des anciens Réglemens qui le concernent. A CES CAUSES & autres à ce Nous mouvant, Nous avons de l'avis de notre Conſeil & de notre certaine Science, pleine Puiſſance & Autorité royale, dit, déclaré & ordonné, & par ces Préſentes ſignées de notre main, diſons, déclarons & ordonnons, voulons & Nous plaît ce qui ſuit.

ARTICLE PREMIER.

Il ſera libre à tous nos Sujets de faire le Commerce des Grains & Farines dans l'étendue de notre Royaume, à la charge par ceux qui ont déja entrepris, ou qui entreprendront à l'avenir ledit Commerce, de faire enrégiſtrer au Greffe de la Juriſdiction Royale de leur domicile, leurs nom, ſurnom, demeure & celui de leurs Aſſociés, & le lieu de leurs magaſins, à peine de confiſcation des Grains qui ſeroient trouvés leur appartenir, dont un tiers ſera délivré aux dénonciateurs, & de cinq cens livres d'amende, qui ne pourra être remiſe ni modérée.

I I.

Les Marchands de Grains qui voudront contracter des ſociétés générales ou particulieres, pour raiſon dudit trafic ou marchandiſes de Grains, ſeront tenus d'en paſſer des Actes par écrit, & de les faire enrégiſtrer dans un mois au plus tard après leur date, au Greffe de nos Juſtices ordinaires, ſous les peines portées par l'Article premier, & de plus grandes, s'il y échet, dont les Marchands qui auront contracté les ſociétés non enrégiſtrées, demeureront reſponſables en leurs noms.

I I I.

Les Greffiers de nos Juſtices ſeront tenus de délivrer des expéditions deſdites déclarations, & ne pourront exiger plus de vingt ſols pour tous droits, y compris l'expédition & le papier timbré, à peine de concuſſion.

I V.

Défendons à tous nos Officiers de Juſtice & de Police, à tous Fermiers & Receveurs de nos droits, Commis à nos Recettes, Caiſſiers & tous autres intéreſſés dans le maniement de nos Finances, ou chargés du recouvrement de nos deniers, de s'immiſcer directement ou indirectement ſous prétexte de ſociété ou autrement, à faire le trafic ou marchandiſes de Grains, à peine de confiſcation des Grains, ou du prix d'iceux, dont un tiers ſera délivré au dénonciateur, de deux mille livres d'amende, & de punition corporelle, s'il y échet.

V.

Interdiſons de même aux Fermiers & Laboureurs le Commerce des Grains pour l'achat, hors le tems des ſemences & ſans fraude, ſous telles peines qu'il appartiendra, & aux Meûniers & Boulangers pour la vente ſeulement, ſous les peines portées en l'Article précédent, & de plus grandes, s'il y échet.

VI.

Ordonnons que tous Grains & Farines ne pourront être vendus ni achetés ailleurs que dans les halles, marchés, ou ſur les ports ordinaires des Villes, Bourgs & lieux de notre Royaume, où il y en a d'établis, à peine contre les contrevenans d'être pourſuivis ſuivant l'exigence des cas.

VII.

Faiſons défenſes auxdits Marchands & à tous autres, de quelque qualité & condition qu'ils ſoient, d'aller au devant de ceux qui amèneront les Grains au marché; leur défendons pareillement d'enhairer ni acheter les Bleds & autres Grains en verd, ſur pied & avant la récolte, à peine de nullité deſdites ventes, de perte des deniers qu'ils auront fournis d'avance pour leſdits achats, d'être privés de la faculté de faire Commerce de Grains, de trois mille livres d'amende, qui ne pourra être remiſe ni modérée, & de punition corporelle, s'il y échet.

VIII.

Aucune Province de notre Royaume ne ſera réputée étrangère pour la libre circulation des Grains & Farines; en conſéquence, défendons à tous particuliers de mettre obſtacle à la libre circulation des Bleds & Farines d'un lieu à un autre, ou de Province à Province, dans l'intérieur de notre Royaume, ſoit par terre, ſoit par eau, ſous peine d'être pourſuivis extraordinairement, comme perturbateurs du repos public, & punis ſuivant l'exigence des cas.

IX.

Défendons à tous nos Officiers de Juſtice, de même qu'aux Juges de Seigneurs, de mettre obſtacle à la libre circulation des Grains de Province à Province, ſous tel prétexte que ce ſoit.

X.

Dérogeons par ces Préſentes aux Édits, Déclarations, Arrêts & Réglemens à ce contraires, ſans néanmoins rien innover aux régles de Police ſuivies juſqu'à ce jour pour l'approviſionnement de notre bonne Ville de Paris, leſquelles continueront d'être obſervées comme par le paſſé. SI DONNONS EN MANDEMENT à nos amés & féaux les Gens tenant notre Cour de Parlement à Douay, que ces Préſentes ils aient à faire lire, publier & régiſtrer, & le contenu en icelles garder, obſerver & exécuter; aux copies deſquelles collationnées par l'un de nos amés & féaux Conſeillers-Secrétaires, Voulons que foi ſoit ajoutée comme à l'original: CAR TEL EST NOTRE PLAISIR; en témoin de quoi, Nous avons fait mettre notre ſcel à ceſdites Préſentes. DONNÉ à Verſailles le vingt-ſeptiéme jour du mois de Décembre, l'an de Grace mil ſept cent ſoixante-dix, & de notre Règne le cinquante-ſixiéme. *Signé*, LOUIS. *Et plus bas* : Par le Roi. *Signé*, PHELYPEAUX. *Vû au Conſeil*, TERRAY. Et ſcellé du grand Sceau de Sa Majeſté en cire jaune.

Lue & publiée l'Audience tenant cejourd'hui dix-neuf Février mil ſept cent ſoixante-onze, & enrégiſtrée au Greffe de la Cour de Parlement de Flandres ; ouï & ce requérant le Procureur-Général du Roi en icelle, pour être exécutée ſelon ſa forme & teneur, & copies d'icelle envoyées aux Bailliages & autres Siéges inférieurs du Reſſort, pour y être pareillement lue, publiée & régiſtrée, conformément à l'Arrêt du dix-huit deſdits mois & an que deſſus. Signé, MAZENGARBE.

Lue & publiée ès Plaids extraordinaires de la Gouvernance & ſouverain Bailliage de Lille, le vingt-trois Février mil ſept cent ſoixante-onze, & enrégiſtrée au Greffe dudit Siége ; ouï & ce requérant le Procureur du Roi, par le Greffier dudit Siége ſouſſigné.

Signé, D. J. M. POTTEAU.

Lille : De l'Imprimerie de N. J. B. PETERINCK-CRAMÉ, Imprimeur ordinaire du Roi.

EDIT DU ROI,

HENRY II.

Contre les Femmes qui célent leur Grossesse.

Donné à Paris au mois de Février 1556.

HENRY, par la Grace de Dieu, Roi de France : A tous présens & à venir ; Salut. Comme nos Prédécesseurs & Progéniteurs très-chrétiens Rois de France, ayant par actes vertueux & catholiques, chacun en son endroit, montré par leurs très-louables effets, qu'à droit & bonne raison ledit nom de Très-Chrétien, comme à eux propre & particulier, leur avoit été attribué. En quoi les voulant imiter & suivre, & ayant par plusieurs bons & salutaires exemples témoigné la dévotion qu'avons à conserver & garder ce tant céleste & excellent Titre, duquel les principaux effets sont de faire inviter les créatures que Dieu envoye sur terre en notre Royaume, Pays, Terres & Seigneuries de notre Obéissance, aux Sacremens par lui ordonnés : Et quand il lui plaît les rappeller à soi, leur procurer curieusement les autres Sacremens pour ce institués, avec les derniers honneurs de Sépulture. Et étant duement avertis d'un crime très-énorme & exécrable, fréquent en notre Royaume, qui est, que plusieurs femmes ayant conçu enfans par moyen deshonnête ou autrement, persuadées par mauvais vouloir & conseil, déguisent, occultent & cachent leurs grossesses sans en rien découvrir & déclarer. Et advenant le temps de leur part & délivrance de leur fruit, occultement s'en délivrent; puis le suffoquent, meurtrissent & autrement suppriment sans leur avoir fait impartir le Saint Sacrement de Baptême. Ce fait les jettent en lieux secrets & immondes, ou enfouissent en terre profane, les privant par tel moyen de la Sépulture coutumiere des Chrétiens. De quoi étant prévenues & accusées pardevant nos Juges, s'excusent, disant avoir eu honte de déclarer leur vice, & que leurs enfans sont sortis de leur ventre morts, & sans aucune apparence ou espérance de vie : Tellement que par faute d'autre preuve, les Gens tenant, tant nos Cours de Parlement qu'autres nos Juges, voulant procéder au Jugement des Procès criminels faits à l'encontre de telles femmes, sont tombés & entrés en diverses opinions; les uns concluant au supplice de mort, les autres à question extraordinaire, afin de savoir & entendre par leur bouche, si à la vérité le fruit issu de leur ventre étoit mort ou vif. Après laquelle question endurée, pour n'avoir aucune chose voulu confesser, leur sont les prisons le plus souvent ouvertes, qui a été & est cause de les faire retomber, récidiver & commettre tels & semblables délits, à notre très-grand regret & scandale de nos Sujets. A quoi pour l'avenir nous avons bien voulu pourvoir.

Sçavoir faisons, que Nous, desirant extirper & du tout faire cesser lesdits exécrables & énormes crimes, vices, iniquités & délits qui se commettent en notredit Royaume,

& ôter les occaſions & racines d'iceux dorénavant commettre, avons, pour ce obvier, dit, ſtatué & ordonné ; & par Edit perpétuel, Loi générale & irrévocable, de notre propre mouvement, pleine Puiſſance & Autorité royale, diſons, ſtatuons, voulons, ordonnons & nous plaît, que toute femme qui ſe trouvera duement atteinte & convaincue d'avoir celé, couvert & occulté, tant ſa groſſeſſe que ſon enfantement, ſans avoir déclaré l'un ou l'autre, & avoir prins de l'un ou de l'autre témoignage ſuffiſant, même de la vie ou mort de ſon enfant, lors de l'iſſue de ſon ventre, & après ſe trouve l'enfant avoir été privé, tant du Saint Sacrement de Baptême, que Sépulture publique & accoutumée, ſoit telle femme tenue & réputée d'avoir homicidé ſon enfant. Et pour réparation punie de mort & dernier Supplice, & de telle rigueur que la qualité particuliere du cas le méritera ; afin que ce ſoit exemple à tous, & que ci-après ni ſoit fait aucun doute ne difficulté.

Si donnons en Mandement par ces préſentes à nos amés & féaux Conſeillers les Gens tenant nos Cours de Parlement, Prévôt de Paris, Baillis, Sénéchaux & autres nos Officiers & Juſticiers, ou à leurs Lieutenans & à chacun d'eux, que cette préſente Ordonnance, Edit, Loi & Statut ils faſſent, chacun en droit ſoi, lire, publier & régiſtrer, & incontinent après la réception d'icelui, publier à ſon de trompe & cri public, par les carrefours & lieux publics ; à faire cris & proclamation, tant de notre ville de Paris, que autres lieux de notre Royaume, & auſſi par les Officiers des Seigneurs Hauts-Juſticiers en leurs Seigneuries & Juſtices, en maniere que chacun n'en puiſſe prétendre cauſe d'ignorance, & ce de trois mois en trois mois. Et outre qu'il ſoit lu & publié aux Prônes des Meſſes Paroiſſiales deſdites Villes, Pays, Terres & Seigneuries de notre Obéiſſance, par les Curés ou Vicaires d'icelles, & icelui Edit gardent & obſervent, & faſſent garder & obſerver, de point en point, ſelon ſa forme & teneur, ſans y contrevenir. Et pour ce que ceſdites préſentes, l'on pourra avoir affaire en pluſieurs lieux, nous voulons que, au *vidimus* d'icelles fait ſous le Scel royal, foi ſoit ajoutée comme au préſent Original : Auquel, en témoin de ce, afin que ce ſoit choſe ferme & ſtable, nous avons fait mettre notre Scel. DONNÉ à Paris au mois de Février, l'an de grace mil cinq cent cinquante-ſix, & de notre règne le dixième. Ainſi ſigné ſur le repli : Par le Roi en ſon Conſeil. CLAUSES.

Lecta, publicata & regiſtrata, audito & requirente Procuratore Generali Regis. Pariſiis in Parlamento quartâ die Martii, anno Domini milleſimo quingenteſimo quinquageſimo ſexto. Sic ſignatum, DU TILLET.

Lû & publié l'Audience tenant le trente Juin 1708, & enrégiſtré au Greffe de la Cour de Parlement de Tournay: Oui & ce requerant le Procureur général du Roi, pour être exécuté ſelon ſa forme & teneur, ſuivant l'Arrêt du vingt-ſix deſdits mois & an.

Signé, BARBIER DE BLIGNIER.

DECLARATION DU ROI,

Contre les Femmes qui célent leur Grossesse.

Du 25 Février 1708.

LOUIS, PAR LA GRACE DE DIEU, ROI DE FRANCE ET DE NAVARRE : A tous ceux qui ces présentes Lettres verront, SALUT. Le Roi Henri II. ayant ordonné par son Édit du mois de Février de l'an 1556, que toutes les Femmes qui auroient célé leur grossesse & leur accouchement, & dont les enfans seroient morts sans avoir reçu le saint Sacrement de Baptême, seroient présumées coupables de la mort de leurs enfans, & condamnées au dernier supplice. Ce Prince cru en même tems, qu'on ne pouvoit renouveller dans la suite avec trop de soin le souvenir d'une Loi si juste & si salutaire : Ce fut dans cette vue, qu'il ordonna qu'elle seroit lûe & publiée de trois mois en trois mois, par les Curés ou leurs Vicaires aux Prônes des Messes Paroissiales ; mais quoi que la licence & le déréglement des mœurs, qui ont fait de continuels progrés depuis le temps de cet Édit, en rendent tous les jours la publication plus nécessaire, & que notre Parlement de Paris l'ait ainsi jugé par un Arrêt du 19 Mars de l'année 1698, qui renouvelle à cet égard l'exécution de l'Edit de l'année 1556, Nous apprenons néanmoins que depuis quelques tems, plusieurs Curés de notre Royaume ont fait difficulté de publier cet Edit, sous prétexte que par l'Article XXXII de notre Edit du mois d'Avril 1695, concernant la Jurisdiction Ecclésiastique, Nous avons ordonné que les Curés ne feroient plus obligés de publier aux Prônes, ni pendant l'Office Divin, les Actes de Justice & autres qui regardent l'intérêt particulier de nos Sujets ; à quoi ils ajoûtent encore, que Nous avons bien voulu étendre cet régle à nos propres affaires, en ordonnant par notre Déclaration du 16 Décembre 1698, que les publications qui se feroient pour nos intérêts, ne se feroient plus aux Prônes, qu'elles seroient faites seulement à l'issue de la Messe Paroissiale, par les Officiers qui en sont chargés; & quoi qu'il soit visible, que par là, Nous n'avons eu intention d'exclure que les publications qui se faisant pour des affaires purement séculiéres & profanes ne doivent pas interrompre le service Divin, comme Nous l'avons assez marqué par notre Déclaration du 16 Décembre 1698, Nous avons cru néanmoins pour faire cesser jusqu'aux moindres difficultés dans une matière si importante, devoir expliquer nos intentions sur ce point, d'une manière si précise que rien ne pût empêcher à l'avenir une publication qui regarde, non l'intérêt particulier de quelques-uns de nos Sujets, ou le nôtre même ; mais le bien temporel & spirituel de notre Royaume, & que l'Eglise devroit Nous demander si elle n'étoit pas encore ordonnée, puisqu'elle tend à assurer non seulement la vie, mais le salut éternel de plusieurs enfans conçus dans le crime, qui périroient malheureusement sans avoir reçu le Baptême, & que leurs Meres sacrifieroient à un faux honneur, par un crime encore plus grand que celui qui leur a donné la vie, si elles n'étoient retenues par la connoissance de la rigueur de la Loi, & si la crainte des châtimens ne faissoit en elles l'office de la nature. A CES CAUSES & autres à ce Nous mouvant, de notre certaine science, pleine puissance & autorité Royale, Nous avons par ces Présentes signées de notre main, dit, déclaré & ordonné, disons, déclarons & ordonnons, voulons & Nous plaît, que l'Edit du Roi Henri II.

du mois de Février 1556, ſoit exécuté ſelon ſa forme & teneur; ce faiſant que ledit Edit ſoit publié, de trois mois en trois mois, par tous les Curés ou leurs Vicaires, aux Prônes des Meſſes Paroiſſiales. Enjoignons auxdits Curés & Vicaires de faire ladite publication, & d'en envoyer un Certificat ſigné d'eux à nos Procureurs des Bailliages & Sénéchauſſées dans l'étendue deſquelles leurs Paroiſſes ſont ſituées; Voulons qu'en cas de refus, ils puiſſent y être contraints par ſaiſie de leur temporel, à la Requête de nos Procureurs généraux en nos Cours de Parlemens, pourſuite & diligence de leurs Subſtituts, chacun dans leur Reſſort. SI DONNONS EN MANDEMENT à nos Amés & féaux Conſeillers les Gens tenant notre Cour de Parlement de Tournay, que ces Préſentes ils aient à faire lire, publier & régiſtrer, & leur contenu garder & obſerver de point en point ſelon leur forme & teneur, nonobſtant tous Edits, Déclarations, Arrêts, Réglemens & autres choſes à ce contraires, auxquels Nous avons dérogé & dérogeons par ces Préſentes; CAR TEL EST NOTRE PLAISIR : En témoin de quoi, Nous avons fait mettre notre Scel à ceſdites Préſentes. DONNÉ à Verſailles le vingt-cinquiéme jour de Février, l'an de grace mil ſept cent huit, & de notre Regne, le ſoixante-cinquiéme. *Signé*, LOUIS. *Plus bas*, Par le Roi, CHAMILLART, Et ſcellée.

Lue & publiée l'Audience tenant le 30 Juin 1708, & enrégiſtrée au Greffe de la Cour de Parlement de Tournay : Ouï & ce requérant le Procureur général du Roi, pour être exécutée ſelon ſa forme & teneur, ſuivant l'Arrêt du vingt-ſix deſdits mois & an. Signé, BARBIER DE BLIGNIER.

Lille : De l'Imprimerie de N. J. B. PETERINCK-CRAMÉ, Imprimeur ordinaire du Roi. 1771.

DE PAR LE ROI.

ANTOINE-LOUIS-FRANÇOIS LE FEVRE DE CAUMARTIN,

Chevalier, Marquis de St. Ange, Comte de Moret, Seigneur de Caumartin, Boiſſy-le-Châtel, Ville-Cerf, Dormeilles, Ville St. Jacques, Stagny, la Commanderie & autres Lieux, Conſeiller du Roi en ſes Conſeils, Maître des Requêtes ordinaire de ſon Hôtel, Intendant de Flandres & d'Artois.

TANT informé que, malgré les défenſes qui ont été faites par un Arrêt du Conſeil, du 4 Janvier 1724, & pluſieurs Ordonnances qui ont été rendues en conſéquence par nos Prédéceſſeurs, à tous Cabaretiers, de tenir leurs Cabarets ouverts, & d'y donner à boire & à manger pendant le Service Divin, & après huit heures du ſoir en Hyver,

& neuf heures en Eté, il en eſt pluſieurs cependant qui ſe permettent de recevoir chez eux, à toute heure du jour & de la nuit, les différens particuliers qui viennent pour y boire & y manger ; & qu'il réſulte de cette contravention des deſordres qui ſont le plus ſouvent occaſionnés par les excès de débauche, auxquels on ſe livre dans ces Cabarets.

Etant de plus informé que quelques particuliers, qui demeurent dans des Villages où il n'y a aucune horloge, refuſent ſous le prétexte d'ignorer l'heure de la retraite, de ſortir des Cabarets, lorſque les Cabaretiers veulent les y obliger ; à quoi étant néceſſaire de pourvoir. Et vu ſur ce l'Arrêt du Conſeil dudit jour 4 Janvier 1724, les Ordonnances de Mrs. MELIAND & DE LA GRANDVILLE, nos Prédéceſſeurs, des 18 Septembre de la même année, & 6 Décembre 1732, & autres Ordonnances rendues ultérieurement ſur cet objet.

Nous, INTENDANT, avons fait & faiſons très-expreſſes inhibitions & défenſes à tous Cabaretiers, tant des Villes que des Paroiſſes, Villages & Hameaux de notre Département, de tenir leurs Cabarets ouverts & d'y donner à boire & à manger à aucuns particuliers, ſoit pendant le Service Divin, ſoit après huit heures du ſoir en Hyver, & après dix heures en Eté, à peine contre les contrevenans de dix livres d'amende, & de plus forte, s'il y écheoit ; & pour ôter déſormais, tant aux Cabaretiers qu'aux Particuliers qui demeurent dans des Villages & Hameaux où il n'y a point d'horloge, tout prétexte de reſter dans les Cabarets après l'heure marquée, Ordonnons aux Gens de Loi de toutes les Communautés de notre Département, de faire ſonner le ſoir la cloche paroiſſiale tous les jours de Dimanches & Fêtes ; ſçavoir, à dix heures moins un quart, depuis le jour de Pâques juſqu'à la St. Remy, & à neuf heures moins un quart, depuis la St. Remy juſqu'à Pâques, afin d'avertir les particuliers qui ſeront dans les Cabarets, de ſe retirer à l'heure preſcrite, laquelle paſſée, ceux qui ſeront trouvés dans leſdits Cabarets, & les Cabaretiers pareillement qui leur auront permis de reſter, ſeront tenus de payer chacun dix livres d'amende, au payement de laquelle ils ſeront contraints ſolidairement. Enjoignons aux Magiſtrats & Gens de Loi de notre Département, de tenir la main à l'exécution de notre préſente Ordonnance, laquelle ſera lue, publiée & affichée par-tout où beſoin ſera, à ce que perſonne n'en ignore.

Fait à Lille le 3 Janvier 1771.

Signé, CAUMARTIN.

Lille : De l'Imprimerie de N. J. B. Peterinck-Cramé, Imprimeur ordinaire du Roi.

DECLARATION DU ROI,

PORTANT Réglement ſur la forme dont il ſera pourvu à l'avenir aux Offices de Lieutenans des Maréchaux de France, & de Conſeillers-Rapporteurs & Secrétaires-Greffiers du point d'honneur ; & pour le payement de leurs gages, penſions & gratifications.

Donnée à Verſailles le 13 Janvier 1771.

Regiſtrée en la Chambre des Comptes & au Tribunal des Maréchaux de France.

OUIS, PAR LA GRACE DE DIEU, ROI DE FRANCE ET DE NAVARRE : A tous ceux qui ces préſentes Lettres verront ; SALUT. Le feu Roi notre très-honoré Seigneur & Biſayeul, voulant entretenir parmi notre Nobleſſe, la concorde ſi néceſſaire à la tranquillité générale & au bonheur des familles ; & en aboliſſant les combats particuliers, conſerver à cette même Nobleſſe, un ſang qu'elle fait gloire de répandre pour le ſervice de l'État, auroit par ſes Édits des mois de Mars 1693, Octobre 1702 & 1704, & Novembre 1707, créé en chacun des Bailliages & Sénéchauſſées, Duchés-Pairies & autres Juſtices de notre

Royaume, ressortissant en nos Cours, des Lieutenans de nos très-chers & bien amés Cousins les Maréchaux de France, pour connoître & juger des différends qui surviennent entre les Gentilshommes ou autres faisant profession des armes, soit à cause des chasses, droits honorifiques des Églises, prééminences des Fiefs & Seigneuries, ou autres querelles mêlées avec le point d'honneur; ensemble sous chacun desdits Lieutenans, un Secrétaire-greffier & un Rapporteur du point d'honneur. Quoique lesdits offices de Lieutenans, n'eussent dû être remplis que par des Gentilshommes & des Militaires de poids & d'une prudence éprouvée, nous avons été informés que par une suite de la faculté accordée aux pourvus & à leurs héritiers ou ayans cause, d'en disposer par vente ou autrement, & par l'arbitraire du prix qu'ils y mettent, plusieurs desdits offices se trouvoient vacans, & nombre d'autres remplis par des Titulaires qui n'en auroient point été susceptibles; ce qui met souvent nos Cousins les Maréchaux de France dans la nécessité de recourir à des Commissions particulieres, & pourroit dans l'intervalle donner lieu à des suites funestes pour des querelles qu'il eût été possible d'assoupir dans leur source. Dans l'intention où nous sommes de prévenir ces inconvéniens, & de maintenir un établissement si nécessaire, nous avons cru ne pouvoir rien faire de mieux que de rembourser tous lesdits offices, & d'ordonner qu'il n'y sera désormais pourvu qu'à vie, de l'agrément & sur la nomination de nos Cousins les Marechaux de France, afin que, vacation arrivant, nosdits Cousins n'étant plus gênés par les conventions particuliéres, dans la liberté du choix des sujets, puissent le faire tomber uniquement sur ceux dont la condition, l'état & les qualités personnelles répondront à la dignité, à l'importance & à la délicatesse des fonctions qui leur sont confiées, & auxquels en même temps nous avons jugé convenable de fixer un traitement qui puisse les attacher à exercer lesdites fonctions avec tout le zèle qu'elles exigent. A CES CAUSES & autres à ce nous mouvant, de l'avis de notre Conseil, & de notre certaine science, pleine puissance & autorité royale, Nous avons par ces présentes signées de notre main, dit, déclaré & ordonné; disons déclarons & ordonnons, voulons & nous plaît ce qui suit.

ARTICLE PREMIER.

TOUS les pourvus & propriétaires des offices de Lieutenans de nos Cousins les Maréchaux de France, de nos Conseillers les Rapporteurs, & de Secrétaires-Greffiers du point d'honneur, créés par les

Edits de Mars 1693, Octobre 1702 & 1704, & Novembre 1707, seront tenus de rapporter entre les mains du Contrôleur général de nos Finances, dans six mois, à compter du jour de la publication des Présentes, leurs provisions, quittances de finance & autres titres de propriété, pour, sur la liquidation qui en sera faite, être pourvu à leur remboursement.

II.

VOULONS qu'en vertu de notre présente Déclaration, & à l'avenir, vacation arrivant, il ne puisse être pourvu qu'à vie auxdits offices de Lieutenans; que nul ne puisse être admis à en payer en nos Revenus casuels, la finance qui sera indistinctement & irrévocablement fixée à six mille livres, qu'il ne soit Gentilhomme & Militaire, & qu'il n'ait été agréé par nos Cousins les Maréchaux de France; & que les provisions n'en puissent être scellées que sur leur nomination, à peine de nullité desdites provisions.

III.

IL sera fait fonds chaque année, entre les mains des Trésoriers généraux des Maréchaussées, de cinq cent quarante livres pour chacun desdits Lieutenans, que nous leur avons attribuées & attribuons par ces Présentes, à raison de Neuf pour cent de leur finance, sans que ladite somme puisse être retranchée ou diminuée, ni divertie à d'autres usages que ceux ci-après spécifiés, pour quelque raison & sous quelque prétexte que ce soit.

IV.

SUR ladite somme de cinq cent quarante livres, il sera payé tous les ans à chacun desdits Lieutenans, sur leur quittance, & sans aucune retenue de Dixième, Vingtième ou autres impositions, celle de quatre cents livres, à titre de gages ou appointemens; & les cent quarante livres de surplus seront mises en masse, dont le montant sera divisé en pensions de quatre cents livres chacune, ce qui formera sept pensions, à raison de vingt offices.

V.

DES sept pensions de quatre cents livres chacune, portées par l'article précédent & dans la même proportion, quatre seront données à l'ancienneté, & appartiendront de droit aux plus anciens desdits Lieutenans en ordre de réception, sans qu'ils puissent en être privés pour quelque raison & sous quelque prétexte que ce soit; & les trois autres seront à la disposition de nos Cousins les Maréchaux de France, lesquels en gratifieront indistinctement ceux desdits Lieutenans dont ils jugeront devoir récompenser plus particuliérement le zéle, l'application & les services, & qui pourront en jouir conjointement avec celles de l'ancienneté.

V I.

Il sera établi autant de nos Conseillers-Rapporteurs du point d'honneur, qu'il sera jugé nécessaire par nos Cousins les Maréchaux de France; voulons en conséquence qu'aucun particulier ne puisse être admis à lever lesdits offices, qu'au préalable il n'ait obtenu le consentement & l'attache de nosdits Cousins les Maréchaux de France.

V I I.

La finance desdits offices auxquels il ne pourra être à l'avenir pourvu qu'à vie, & que de personnes de qualités requises, agréées par nos cousins les Maréchaux de France & sur leur nomination, sera fixée pour chacun à la somme de quatre mille cinq cents livres, pour raison de laquelle il sera fait fonds chaque année, entre les mains des Trésoriers généraux des Maréchaussées, de quatre cent cinq livres, que nous leur avons attribuées & attribuons par ces Présentes, à raison de Neuf pour cent, sans que ladite somme puisse être retranchée ou diminuée, ni divertie à d'autres usages que ceux ci-dessus spécifiés, pour quelque raison & sous quelque prétexte que ce soit.

V I I I.

Sur ladite somme de quatre cent cinq livres, il en sera payé tous les ans à chacun de nosdits Conseillers-Rapporteurs du point d'honneur, sur leur quittance, & sans aucune retenue de Dixième, Vingtième, ou autres impositions, celle de trois cents livres, à titre de gages ou appointemens; & il sera fait une masse des cent cinq livres de surplus, dont le montant sera divisé en pensions de trois cents livres chacune, dont il sera disposé entr'eux, dans la même proportion & de la même manière que pour les Lieutenans, conformément à l'article V. des Présentes.

I X.

Il ne pourra pareillement en vertu des Présentes, & à l'avenir, vacation arrivant, être pourvu qu'à vie, aux offices de Secrétaires-Greffiers du point d'honneur, & que de personnes de qualités requises, agrées par nos Cousins les Maréchaux de France, & sur leur nomination.

X.

Voulons que la Finance desdits offices de Secrétaires-Greffiers, soit & demeure fixée pour chacun à trois mille livres, pour raison de laquelle il sera fait fonds chaque année, entre les mains des Trésoriers-généraux des Maréchaussées, de deux cent soixante-dix livres que nous leur avons attribuées & attribuons sur le pied de neuf pour cent, sans que ladite somme puisse être retranchée ou diminuée, ni divertie à d'autres usages que ceux ci-dessus spécifiés, pour quelque raison & sous quelque prétexte que ce soit.

XI.

Sur ladite somme de deux cent soixante-dix livres, il sera payé tous les ans à chacun desdits Secrétaires-Greffiers, sur leur quittance, & sans aucune retenue de Dixième, Vingtième ou autres impositions, celle de deux cents livres, à titre de gages ou appointemens, & les soixante-dix livres de surplus seront mises en masse, pour le montant en être divisé en pensions de deux cents livres, dont il sera disposé entr'eux dans la même proportion & de la même manière que pour les Lieutenans, conformément à l'article V. des présentes.

XII.

Les pensions portées par les précédens articles, seront payées par les Trésoriers des Maréchaussées, sur les états qui leur en seront fournis chaque année, signés par le Doyen de nos Cousins les Maréchaux de France, & sur les quittances de ceux des Lieutenans, Rapporteurs & Secrétaires du point d'honneur, qui y seront compris ; & en rapportant par lesdits Trésoriers lesdits états & quittances, le payement leur en sera alloué dans leurs états & comptes, sans difficulté.

XIII.

Les gages, appointemens & pensions attribués auxdits Lieutenans, Rapporteurs & Secrétaires du point d'honneur, ne seront, conformément à l'article IX. de l'Edit du mois de Mars 1693, sujets à aucune saisie, si ce n'est de la part de ceux de leurs créanciers qui auroient prêté leurs deniers pour le payement de la finance desdits offices.

XIV.

Il sera, sur la finance fixée par la présente Déclaration, tenu compte à ceux d'entre les pourvus actuels desdits offices, qui seront agréés par nos Cousins les Maréchaux de France, pour être conservés, de celle qu'ils justifieront avoir payée pour raison d'iceux ; & ils continueront à exercer lesdits offices, sur les nouvelles quittances qui leur seront expédiées, pour en jouir à vie, en faisant simplement enrégistrer lesdites quittances au Contrôle général de nos finances, & en vertu de leurs anciennes provisions & réceptions ; voulons aussi que leur rang pour parvenir à la pension d'ancienneté, courre, à compter du jour de ladite réception.

XV.

Afin que les pourvus desdits offices puissent dans tous les temps connoître leur rang pour parvenir à la pension d'ancienneté ; voulons qu'il ſoit tenu un regiſtre particulier au greffe de la Connétablie, ſur lequel ils ſeront inſcrits ſuivant la date de leurs proviſions, qu'ils feront à cet effet enrégiſtrer audit ſiège de la Connétablie, en payant par leſdits Lieutenans trente livres pour tous droits d'enrégiſtrement.

XVI.

N'ENTENDONS au ſurplus rien innover en ce qui concerne les fonctions attribuées auxdits Officiers, par les précédens Edits & Déclarations, & qu'ils continueront d'exercer, comme par le paſſé, chacun dans les départemens pour leſquels ils ſont pourvus, & qui leur ſeront aſſignés par nos Couſins les Maréchaux de France, en prêtant par eux ſerment, & ſe faiſant recevoir pardevant noſdits Couſins les Maréchaux de France, conformément auxdits Edits & Déclarations.

XVII.

VOULONS que leſdits Lieutenans conſervent leur rang pour parvenir à toutes les dignités militaires, même pour être reçus dans l'Ordre de Saint-Louis, & qu'ils demeurent en outre maintenus & confirmés, ainſi que nos Conſeillers-Rapporteurs & les Secrétaires-Greffiers du point d'honneur, comme nous les maintenons & confirmons par ces préſentes, dans tous les droits, rang, ſéance, préſéance, priviléges, prérogatives, exemptions & immunités qui leur ſont attribués par les Édits & Déclarations des mois de Mars 1693, Juillet 1694, Octobre 1702, Octobre 1704 & Novembre 1707, qui ſeront exécutés ſelon leur forme & teneur, en ce qui n'y eſt dérogé par ces préſentes, & comme ſi tous leſdits droits, rang, ſéance, préſéance, priviléges, prérogatives, exemptions & immunités, étoient ici plus ſpécialement exprimés. SI DONNONS EN MANDEMENT à nos amés & féaux Conſeillers les Gens tenant notre Chambre des Comptes à Paris, que ces préſentes ils aient à faire lire, publier & regiſtrer, & le contenu en icelles obſerver & exécuter ſelon leur forme & teneur, nonobſtant tous Édits, Déclarations, Arrêts & Réglemens, Ordonnances & autres choſes à ce contraires, auxquelles nous avons dérogé & dérogeons par ceſdites préſentes; aux copies deſquelles collationnées par l'un de nos amés & féaux Conſeillers-Secrétaires, voulons que foi ſoit ajoutée comme à l'Original : CAR TEL EST NOTRE PLAISIR; en témoin de quoi nous avons fait mettre notre ſcel à ceſdites préſentes. DONNÉ à Verſailles le treizième jour du mois de Janvier, l'an de grace mil ſept cent ſoixante-onze, & de notre règne le cinquante-ſixième. *Signé*, LOUIS. *Et plus bas*, Par le Roi. *Signé* MONTEYNARD. Vu au Conſeil, TERRAY. Et ſcellé du grand ſceau de cire jaune.

Regiſtrée en la Chambre des Comptes ; ouï & ce requérant le Procureur général du Roi, pour être exécutée ſelon ſa forme & teneur : Et ſera le Roi très-humblement ſupplié en tout temps & en toutes occaſions, de vouloir bien ne point ordonner le rembourſement de finances d'offices, que ſur des avis de finance expédiés en la Chambre, conformément à l'ancien uſage. Les Bureaux aſſemblés le dix-huit Février mil ſept cent ſoixante-onze.

Signé, MARSOLAN.

EXTRAIT *des Regiſtres de la Connétablie & Maréchauſſée de France au Siege général de la Table de Marbre du Palais à Paris.*

VU la Déclarition du Roi, donnée à Verſailles le 13 Janvier dernier, Signée Louis ; & plus bas, Par le Roi, Monteynard. Vu au Conſeil, Terray. & ſcellée du grand ſceau de cire jaune ; ladite Déclaration concernant les Lieutenans des Maréchaux de France, les Conſeillers-Rapporteurs & Secrétaires-Greffiers du point d'honneur, départis dans les Provinces, la forme de leurs réceptions & enrégiſtrement de leurs Lettres, icelle à nous adreſſante, & à notre Lieutenant général en la Connétablie & Maréchauſſée de France au ſiége de la Table de Marbre du Palais à Paris : Nous mandons à notre Lieutenant général de faire procéder à l'enrégiſtrement de ladite Déclaration, pour être le Regiſtre y mentionné, tenu conformément à icelle, & être leſdits Officiers reçus ; ſavoir, nos Lieutenans pardevant nous en notre Tribunal, & les Conſeillers Rapporteurs & les Secrétaires-Greffiers en notredit ſiége de la Connétablie, le tout en la manière accoutumée. FAIT à Paris, le quatorzième jour du mois de Mars mil ſept cent ſoixante-onze. *Signé*, le Maréchal DE TONNERRE. *Et plus bas*. Par Meſſeigneurs, GONDOT.

Lue, publiée & regiſtrée; oui, ce requérant le Procureur du Roi, pour le regiſtre y mentionné, être tenu en notre Greffe, conformément à ladite Déclaration ; & être les Lettres de proviſions deſdits Lieutenans, après leurs réception au Tribunal, enrégiſtrées audit Regiſtre, & leſdits Conſeillers-Rapporteurs & Secrétaires-Greffiers, être reçus en notre Siége en la manière accoutumée, ſuivant le jugement de ce jour. Fait en la Connétablie & Maréchauſſée de France, au Siége général de la Table de Marbre du Palais à Paris, le quinze Mars mil ſept cent ſoixante-onze. Signé, PRESTRE, *Greffier en chef.*

ANTOINE-LOUIS-FRANÇOIS LE FEVRE DE CAUMARTIN, *Chevalier, Marquis de St. Ange, Comte de Moret, Seigneur de Caumartin, Boiſſy-le-Châtel, Ville-Cerf, Dormeilles, Ville St. Jacques, Stagny, la Commanderie & autres Lieux, Conſeiller du Roi en ſes Conſeils, Maître des Requêtes ordinaire de ſon Hôtel, Intendant de Flandres & d'Artois.*

Vû la Déclaration du Roi ci-deſſus, & les Ordres par-

ticuliers à Nous adressés, Nous ordonnons que ladite Déclaration sera imprimée, lue, publiée & affichée, par-tout où besoin sera, dans les Villes de notre Département. Fait le 31 Mars 1771. Signé, CAUMARTIN. *Par Monseigneur.* VEYTARD.

Lille : De l'Imprimerie de N. J. B. PETERINCK-CRAMÉ, Imprimeur ordinaire du Roi.

NOUS, CHARLES DE ROHAN,

PRINCE DE SOUBISE,

D'ÉPINOY ET DE MAUBUISSON,

DUC DE ROHAN-ROHAN, *Pair & Maréchal de France, Ministre d'Etat, Vicomte de Gand, premier Béer & Connétable Héréditaire de Flandres, Sénéchal de Haynaut, Capitaine-Lieutenant des Gendarmes de la Garde ordinaire du Roi, Lieutenant-Général pour* SA MAJESTÉ *des Provinces de Flandre & Haynaut, Gouverneur particulier des Ville & Citadelle de Lille, souverain Bailli des Ville & Châtellenie dudit Lille.*

ETANT informé des différens abus qui se commettent dans l'étendue des Réserves de notre Gouvernement général, à l'occasion de la Chasse, & desirant y pourvoir par un Réglement qui puisse contenir chacun dans son devoir, Nous avons ordonné & ordonnons ce qui suit,

ARTICLE PREMIER.

La Chasse sera généralement interdite à toutes personnes de quelque qualité & condition qu'elles soient, dans les Cantons réservés à titre de plaisirs du Roi, depuis le quinze Février jusqu'au jour où nous jugerons convenable de fixer l'ouverture des Chasses, relativement à la situation des biens de la terre, à peine contre les contrevenans de cent florins d'amende, & de tous dommages & intérêts.

I I.

Dans le tems permis pour la Chaſſe, c'eſt-à-dire depuis le premier Septembre juſqu'au jour de la clôture, perſonne ne pourra chaſſer dans les Cantons réſervés à titre de plaiſirs du Roi, ſans notre permiſſion expreſſe ou celle du Commandant pour Sa Majeſté dans la Place d'où dépend chaque Réſerve, & ceux qui y contreviendront, ſubiront la peine de trois mois de priſon, & d'une amende de cent florins. Exceptons cependant les Gentils-Hommes, Hauts-Juſticiers & Vicomtiers qui poſsèdent des terres à ce titre dans leſdites Réſerves, auxquels nous permettons de chaſſer ſur leſdites terres dans le tems permis, accompagnés d'un valet ou d'un garde ſeulement, leſquels ne pourront, ſous quelque prétexte que ce ſoit, y chaſſer que conjointement avec leſdits Seigneurs. Et comme il ſe trouve des Abbés, Chapitres & Eccléſiaſtiques qui poſsèdent des terres au même titre dans leſdites Réſerves, leur permettons de commettre leur Bailli, ou tel autre Officier qu'ils jugeront à propos, pour exercer en leur nom le droit de Chaſſe dans leſdites terres, accompagnés d'un valet ou d'un garde ſeulement, ainſi qu'il eſt ci-deſſus expliqué; à condition que chacun deſdits Seigneurs Eccléſiaſtiques nommera un ſeul Officier pour toutes les terres qu'il poſsède dans chacune deſdites Réſerves, & qu'il autoriſera cette nomination par un Acte ſigné de lui, que l'Officier ainſi nommé Nous préſentera, ou au Commandant pour Sa Majeſté dans la place d'où dépendra ladite Réſerve, pour en obtenir une permiſſion par écrit de chaſſer dans leſdites terres; & au défaut de ladite formalité de la part deſdits Seigneurs Eccléſiaſtiques, ils ſeront condamnés à une amende de trente florins.

I I I

Tout Particulier qui ſera convaincu d'avoir levé des Œufs ou des Nids de Perdrix, dans l'étendue deſdites Réſerves, ſubira la peine de trois mois de priſon & d'une amende de cent florins, & ceux qui en ſeront trouvés ſaiſis, ſeront cenſés les avoir levés & punis comme coupables, de même ceux chez qui l'on trouvera des Perdreaux vivans.

I V.

Ceux qui ſeront convaincus d'avoir tendu des collets ou filets, ou d'avoir dreſſé des pièges pour ſurprendre le Gibier dans leſdites Réſerves, ſubiront ladite peine de trois mois de priſon & de cent florins d'amende. Enjoignons à tous Propriétaires & Fermiers des terres & maiſons ſituées dans l'étendue deſdites Réſerves, de viſiter diligemment toutes leurs haies, enclos & terres labourables ou autres appartenant à eux ou à titre de Fermes, d'en ôter les collets, filets & autres piéges qu'il y aura, à peine d'être censés les avoir tendus eux-mêmes, s'il se trouve chez eux du Gibier, ou qu'ils soient suspects pour avoir été convaincus autrefois d'avoir tendu des collets ou filets, ou d'avoir dressé des pièges pour surprendre le Gibier, & condamnés à l'amende.

V.

Ceux qui auront des chiens dans l'étendue desdites Réserves, seront obligés de les tenir à l'attache, ou de leur mettre au col des billots longs au moins d'un pied & demi, suspendus de travers, & gros de quatre pouces, & ne pourront les mener eux-mêmes à la campagne quand ils iront labourer ou autrement, le tout à peine de vingt florins d'amende.

V I.

Nuls Particuliers, excepté ceux qui auront droit de chasser dans l'etendue desdites Réserves, ne pourront avoir levriers, chiens couchans & autres dressés à la Chasse, & quand on leur en trouvera, ils seront punis de vingt florins d'amende & de la perte de leurs chiens.

V I I.

Tous les Habitans des Terres situées dans lesdites Réserves, seront tenus d'abattre les nids de pies & de corbeaux qui se trouveront sur les arbres des Terres qu'ils possèdent, ou des chemins qui y abordent, à peine de six florins d'amende pour chaque nid où il se trouvera avoir des petits.

V I I I.

Toutes sortes de filets, lacets & autres piéges servant à surprendre le Gibier, seront confisqués, & tous les Habitans des Terres situées dans lesdites Réserves, chez qui on en trouvera, subiront la peine de trois mois de prison & de vingt florins d'amende.

I X.

Tout Particulier qui sera convaincu d'avoir blessé ou tué, de quelque façon que ce soit, des cignes sur les rivières, canaux, fossés des Places, ou même dans l'étendue desdites Réserves, sera puni de quatre mois de Prison & d'une amende de cent florins.

X.

Tous Manans & Habitans des Villes, Bourgs & Villages de notre Gouvernement général, qui feront commerce de poudre, de dragée ou menu plomb, ou qui en auront chez eux, seront punis de trois mois de prison & de cent florins d'amende.

X I.

Tous Propriétaires ou Fermiers des Terres dans l'étendue des Plaines réservées pour Sa Majesté, seront tenus de n'y souffrir aucun trou où un homme puisse se tenir caché, soit debout ou assis, pour tirer, à peine de cinquante florins d'amende.

XII.

De toutes les contraventions susdites, les Chefs de Familles & Maîtres de maison, seront responsables pour leurs enfans & domestiques; & les amendes ci-dessus seront appliquées, moitié aux Dénonciateurs, & l'autre moitié au profit de Sa Majesté.

Ordonnons aux Baillis, Mayeurs, Lieutenans, Echevins, Gens de Loi des Villes, Bourgs, Villages & Hameaux situés dans l'étendue des Réserves de notre Gouvernement général, de faire arrêter & conduire aux Gouverneurs ou Commandans pour le Roi des Places d'où ils dépendent, tous ceux qui se trouveront chassant sur les Terres situées dans lesdites Réserves pendant le temps défendu, comme aussi tous ceux qui n'ont point le droit de Chasse dans le tems permis, pour les mettre en prison & leur faire subir les peines portées par la présente Ordonnance, à l'exception des Militaires, Hauts-Justiciers & Vicomtiers, lesquels, en cas de contravention à cette Ordonnance, ils seront seulement obligés de dénoncer aux Gouverneurs ou Commandans pour le Roi des Places d'où ils dépendront. Leur enjoignons en outre de tenir la main à l'exécution de la présente Ordonnance, laquelle sera lue, publiée & affichée ès Lieux & en la manière acccoutumée.

Vu & approuvé l'Ordonnance ci-dessus pour la clôture de la Chasse, pour la présente année. Fait à Paris ce dix sept Janvier mil sept cent soixante-onze. *Signé*, LE MARECHAL PRINCE DE SOUBISE.

PAR SON ALTESSE.
LUCET.

Lue & publiée ès Plaids extraordinaires de la Gouvernance & souverain Bailliage de Lille, le 24 Janvier 1771, & enrégistrée au Greffe dudit Siége: Oui & ce requérant le Procureur du Roi, par le Greffier dudit Siége soussigné.

Signé, *D. J. M. POTTEAU.*

A LILLE: De l'Imprimerie de N. J. B. PETERINCK-CRAMÉ, Imprimeur ordinaire du Roi.

ARREST DU CONSEIL D'ETAT DU ROI,

Portant réduction des Droits à la sortie du Royaume, sur les Papiers peints, appellés Tontisses : *Et ordonne que les Fabricans seront tenus de mettre le nom sur chaque rouleau de ces Papiers.*

Du 25 Janvier 1771.

Extrait des Registres du Conseil d'Etat.

LE ROI s'étant fait représenter l'Arrêt rendu en son Conseil, le 27 Février 1765, par lequel Sa Majesté auroit, entr'autres choses, excepté les Papiers de laine hachée, dits *Tontisses*, de l'exemption accordée aux Papiers façon de damas, d'indiennes & de tapisseries, de tous droits à la circulation dans les différentes Provinces du Royaume : Et Sa Majesté étant informée, qu'en conſéquence de cette exception, leſdits Papiers Tontiſſes ſont hors d'état de ſoutenir dans les Provinces réputées étrangères, la concurrence des mêmes Papiers, venant de l'Etranger : Que d'ailleurs le Commerce qui ſe fait deſdits Papiers Tontiſſes avec l'Etranger, ſeroit conſidérablement augmenté, ſi leſdits Papiers ne payoient à la ſortie, que les mêmes droits fixés par ledit Arrêt, du 27 Février 1765, en faveur du Commerce extérieur des Papiers peints. A quoi deſirant pourvoir, & néanmoins empêcher que, tant les Papiers peints que Tontiſſes fabriqués chez l'Etranger, ne profitent des exemptions que Sa Majeſté n'entend accorder qu'aux Fabricans de ſon Royaume : Ouï le rapport du ſieur Abbé Terray, Conſeiller ordinaire au Conſeil royal, Contrôleur général des Finances : LE ROI ÉTANT EN SON CONSEIL, a ordonné & ordonne qu'à compter du premier Avril 1771, les Papiers de laine hachée, autrement dits *Tontiſſes*, ne payeront que dix ſous du cent peſant, à toutes les ſorties du Royaume, & qu'ils pourront être tranſportés & circuler dans les différentes Provinces, tant des cinq groſſes Fermes, que réputées étrangères, ſans payer aucuns droits d'entrée & de ſortie des cinq groſſes Fermes, ni aucuns autres droits de Traittes, à leur circulation & paſſage deſdites Provinces. Ordonne pareillement Sa Majeſté qu'à compter dudit jour premier Avril prochain, tous Fabricans, tant de Papiers peints en façon de damas, d'indiennes & de Tapiſſeries, que de Papier de laine hachée, dits *Tontiſſes*, ſeront tenus d'imprimer ſur chaque piece ou rouleau, leur nom & celui du lieu de leur Fabrique ; après lequel délai, tous leſdits Papiers & Tontiſſes qui ne ſeront pas revêtus de ladite empreinte, payeront les droits auxquels ils étoient ci-devant aſſujettis, tant au paſſage d'un tarif à l'autre, qu'à la ſortie du Royaume : Et ſera le présent Arrêt lu, publié & affiché par-tout où besoin sera. FAIT au Conseil d'Etat du Roi, Sa Majesté y étant, tenu à Versailles le vingt-cinq Janvier mil sept cent soixante-onze. *Signé*, PHELYPEAUX.

ANTOINE-LOUIS-FRANÇOIS LE FEVRE DE CAUMARTIN, *Chevalier, Marquis de St. Ange, Comte de Moret, Seigneur de Caumartin, Boissy-le-Châtel, Ville-Cerf, Dormeilles, Ville St. Jacques, Stagny, la Commanderie & autres Lieux, Conseiller du Roi en ses Conseils, Maître des Requêtes ordinaire de son Hôtel, Intendant de Flandres & d'Artois.*

Vû le présent Arrêt, & les Ordres particuliers à nous adressés, Nous Ordonnons que ledit Arrêt sera lu, publié & affiché par-tout où besoin sera, à ce que personne n'en ignore. FAIT le 21 Février 1771.

Signé, CAUMARTIN.

Lille : De l'Imprimerie de N. J B. PETERINCK-CRAMÉ, Imprimeur ordinaire du Roi.

EDIT DU ROI,

CONCERNANT les Offices de Jurés-Priseurs Vendeurs de meubles.

Donné à Versailles au mois de Février 1771.

Registré en Parlement le 21 Juin 1771.

LOUIS, par la grace de Dieu, Roi de France & de Navarre : à tous présens & à venir ; SALUT. Le feu Roi notre très-honoré Seigneur & Bisayeul auroit, par son Édit du mois d'Octobre 1696, distrait des Offices d'Huissiers & Sergens royaux, les fonctions de ceux de Jurés-Priseurs Vendeurs de meubles, créés par Édits du mois de Février 1556 & Mars 1576 ou autres, & auroit créé des Offices particuliers auxquels il en auroit fait l'attribution, afin que les Titulaires, étant uniquement occupés desdites fonctions, pussent acquérir la connoissance nécessaire pour faire une juste estimation du prix des meubles, & que le Public fût mieux servi. Par le compte que Nous nous en sommes fait rendre,

Nous avons reconnu que ces Offices ont été levés pour une finance si modique, qu'elle n'est pas suffisante pour répondre des deniers provenans des ventes, dont ceux qui les exercent sont dépositaires; Nous avons considéré en même-tems que, comme l'utilité de ces Offices s'accroit journellement par l'augmentation que le commerce & le progrès des manufactures & des arts ont produite, & ne peuvent manquer de produire dans les richesses mobiliaires de nos Sujets, c'étoit aussi une raison pour exiger dans ceux qui les remplissent une plus grande solidité; Nous avons cru en conséquence ne pouvoir rien faire de mieux à cet égard, que de supprimer tous les Offices de Jurés-Priseurs Vendeurs de biens meubles, créés par ledit Édit d'Octobre *1696*, ou tous autres Édits quelconques, à la réserve de ceux de notre bonne ville de Paris, & d'en recréer de nouveaux avec une finance plus proportionnée, avec les mêmes attributions portées par l'Édit d'Octobre *1696*, & en réglant le prix des vacations qu'ils ont été autorisés à se faire payer par la déclaration du 12 Mars *1697*, ensorte qu'elle ne soit plus arbitraire. A CES CAUSES, & autres à ce nous mouvant, de l'avis de notre Conseil, & de notre certaine science, pleine puissance & autorité royale, Nous avons, par le présent Édit perpétuel & irrévocable, dit, statué & ordonné, disons, statuons & ordonnons, voulons & Nous plaît ce qui suit:

ARTICLE PREMIER.

Avons éteint & supprimé, éteignons & supprimons tous les Offices de Jurés-Priseurs Vendeurs de biens meubles, créés par Édit d'Octobre *1696*, ou autres Édits, à quelques titres qu'ils soient possédés, & encore qu'ils soient exercés en vertu de réunion ou autrement, à la réserve seulement de ceux de notre bonne ville de Paris. Voulons qu'il soit procédé à la liquidation & au remboursement des finances payées, pour raison desdits Offices, & qu'à cet effet les quittances & autres titres en soient remis ès mains du Contrôleur général de nos Finances, dans trois mois, à compter du jour de la publication du présent Édit.

II.

Du même pouvoir & autorité que dessus, Nous avons créé & érigé, créons & érigeons en titres d'Offices formés des Jurés-Priseurs Vendeurs de biens meubles, pour être établis dans toutes les Villes & Bourgs de notre Royaume, Pays, Terres & Seigneuries de notre obéissance où il y a Justice royale, à l'exception de notre bonne Ville & Banlieue de Paris, & ce au nombre qui sera fixé par les rôles qui seront arrêtés en notre Conseil.

III.

La finance desdits Offices, ensemble les deux sols pour livre, seront payés sur la quittance du Trésorier de nos revenus casuels, conformément aux rôles qui seront pareillement arrêtés en notre Conseil.

IV.

Les Pourvus ou Propriétaires des Offices supprimés seront préférés pour la levée desdits nouveaux Offices, à la charge par eux d'en payer la finance, ensemble les deux sols pour livre, dans trois mois, à compter du jour de la publication de notre présent Édit, sur laquelle finance il leur sera tenu compte de ce qui leur sera dû pour leur remboursement, suivant la liquidation qui en aura été faite.

V.

Lesdits Jurés-Priseurs Vendeurs de meubles feront seuls, & à l'exclusion de tous autres, dans toute l'étendue du ressort du Bailliage, Sénéchaussée, & autres Justices royales du lieu de leur établissement, la prisée, exposition & vente de tous biens meubles, soit qu'elles soient faites volontairement après les inventaires, ou par autorité de justice, en quelque sorte & maniere que ce puisse être, & sans aucune exception, recevront les deniers provenans desdites ventes, quand même les Parties y appelleroient d'autres Huissiers, & jouiront de la faculté d'exploiter, dans le cas de l'exécution & vente de meubles, concurremment avec les autres Huissiers dans l'étendue de leur ressort.

VI.

Avons attribué & attribuons auxdits Jurés-Priſeurs Vendeurs de biens meubles, conformément audit Édit d'Octobre 1696, quatre deniers pour livre du prix des ventes ſeulement, leſquels ils retiendront par leurs mains ſur les deniers provenans dudit prix; deux ſols ſix deniers pour chacun rôle de groſſe de leurs procès-verbaux, & pareil droit de deux ſols ſix deniers pour l'enrégiſtrement de chacune des oppoſitions qui ſeront faites à la délivrance des deniers provenans deſdites ventes, non compris le contrôle & le coût du papier timbré, deſquelles oppoſitions ils feront mention dans leurs procès-verbaux, & demeureront garans; & en outre par chaque vacation de priſées dans les cas où elle aura lieu, & qu'il en aura été dreſſé procès-verbal, trente ſols, ſans préjudice des exploits qu'ils feront comme Huiſſiers, deſquels ils ſeront payés comme Huiſſiers. Défendons auxdits Jurés-Priſeurs Vendeurs de meubles de percevoir autres droits que ceux portés par le préſent Article, ſous prétexte de la Déclaration du 12 Mars 1697, ou quelqu'autre prétexte que ce ſoit, à peine de reſtitution du quadruple.

VII.

Voulons, à l'égard des oppoſitions, que les originaux en ſoient viſés ſans frais par le Juré-Priſeur Vendeur de meubles, entre les mains de qui elles ſeront faites, & que faute par les oppoſans de les avoir fait viſer, elles demeurent nulles & comme non avenues, & que la garantie portée par l'Article pécédent ne puiſſe avoir lieu contre lui.

VIII.

Ordonnons que leſdits Jurés-Priſeurs Vendeurs de biens meubles, dans les Villes & lieux où ils ſeront pluſieurs établis, feront bourſe commune des deniers qui proviendront deſdites priſées & ventes, à la réſerve du quart pour celles qui ſeront faites dans leſdites Villes & lieux, qui appartiendra par préciput à celui qui aura fait leſdites priſées & ventes, & du droit entier de vacations, & moitié des autres droits pour les prisées & ventes faites à la campagne & qui appartiendront aussi par préciput à ceux desdits Officiers qui les auront faites : Ne pourront les parts de ladite bourse commune être saisies par quelques créanciers que ce puisse être, si ce n'est par ceux qui auront prêté leurs deniers pour l'acquisition desdits Offices, ou pour fait de charge seulement.

I X.

Faisons très-expresses inhibitions & défenses à tous Notaires, Greffiers, Huissiers & Sergens Royaux, de quelque Jurisdiction que ce soit, même des Amirautés, de s'immiscer à l'avenir de faire lesdites prisées, expositions & ventes de biens meubles, en quelque manière que ce soit, à peine de mille livres d'amende, & aux Contrôleurs des exploits de Contrôler aucuns Procès-verbaux de prisées & ventes desdits biens meubles, qui seroient faits par autres que lesdits Jurés-Priseurs, à peine de pareille somme, & lesdites amendes, applicables moitié à l'hôpital du lieu & l'autre moitié aux Pourvus desdits Offices, ne pourront être modérées ni réputées comminatoires.

X.

N'entendons néanmoins rien innover à l'égard des Seigneurs haut-Justiciers, dont les Officiers pourront faire les prisées & ventes de meubles entre les Justiciables de leurs Justices & en vertu des Sentences émanées de leurs Juges, & ce concurremment avec lesdits Jurés-Priseurs, sans néanmoins qu'ils puissent percevoir ni s'attribuer les quatre deniers pour livre attribués auxdits Jurés-Priseurs. Leur défendons, hors le cas ci-dessus, de s'y immiscer, à peine de trois cens livres d'amende applicable comme dessus, & de restitution du quadruple des droits.

X I.

Dispensons les Pourvus des Offices supprimés par le présent Edit, qui profiteront de la préference que Nous leur avons accordée par l'Article IV. de prendre de nouvelles provisions, & de se faire recevoir & prêter de nouveau serment. Voulons qu'ils continuent à jouir en vertu de leurs anciennes provisions & réception, & sur la quittance de Finance qui leur sera expédiée, après toutefois qu'ils l'auront fait enrégistrer au Contrôle général de nos Finances, & au Greffe de la Jurisdiction du ressort.

XII.

Permettons de posséder conjointement plusieurs desdits Offices en vertu d'une seule & même provision, & aux Pourvus de les faire exercer par telle personne qu'il leur plaira commettre, à la charge par eux de demeurer civilement responsables de ceux qu'ils auront commis, & par lesdits Commis de prendre une Commission en notre grande Chancellerie & de se faire recevoir pardevant les Juges qu'il appartiendra, pour laquelle réception il ne sera perçu que six livres.

XIII.

Permettons aux acquéreurs desdits Offices d'emprunter les sommes nécessaires pour en payer la finance ; Voulons que lesdits Offices, ensemble leur part de bourse commune, soient & demeurent affectés auxdits emprunts par privilège spécial & préférence à tous créanciers, à l'effet de quoi il en sera fait déclaration dans les quittances de finance qui leur seront expédiées. Si DONNONS EN MANDEMENT à nos amés & féaux Conseillers, les Gens tenans notre Cour de Parlement & Chambre des Comptes à Paris, que le présent Édit ils aient à faire lire, publier & regiſtrer, & le contenu en icelui garder, observer & exécuter selon sa forme & teneur, nonobstant tous Édits, Déclarations, Arrêts, Réglemens & autres choses à ce contraires, auxquels nous avons dérogé & dérogeons par le présent Édit, aux copies duquel collationnées par l'un de nos amés & féaux Conseillers-Secrétaires, Voulons que foi soit ajoutée comme à l'original : CAR tel est notre plaisir; & afin que ce soit chose ferme & stable à toujours, Nous y avons fait mettre notre fcel. DONNÉ à Verfailles au mois de Février, l'an de grace mil fept cent foixante-onze, & de notre regne le cinquante-fixième. *Signé*, LOUIS. *Et plus bas* : Par le Roi, PHELYPEAUX. *Vifa*, DE MAUPEOU. Vu au Confeil, TERRAY. Et fcellé du grand Sceau de cire verte, en lacs de foie rouge & verte.

Regiftré, oui, ce requérant le Procureur général du Roi, pour être exécuté felon fa forme & teneur ; & copie collationnée envoyée aux Bailliages & Sénéchauffées du reffort, pour y être lu, publie & regiftré ; enjoint aux Subftituts du Procureur général du Roi d'y tenir la main, & d'en certifier la Cour dans le mois ; & copie collationnée pareillement envoyée aux Confeils Supérieurs, pour y être lu, publié & regiftré, conformément à l'Edit du mois de Février dernier, fuivant l'Arrêt de ce jour. A Paris en Parlement, toutes les Chambres affemblées, le vingt-un Juin mil fept cent foixante-onze.

Signé, VANDIVE.

Collationné fur la minute étant au Greffe de la Cour par Nous Ecuyer, Confeiller-Secrétaire, Maifon, Couronne de France, & l'un des deux fervans près fa Cour de Parlement.

Lille : De l'Imprimerie de N. J. B. PETERINCK-CRAMÉ, Imprimeur ordinaire du Roi.

EDIT DU ROI,

QUI établit un droit de deux ſols ſur l'Amidon.

Donné à Verſailles au mois de Février 1771.

Regiſtré en Parlement le 20 Août mil ſept cent ſoixante-onze.

LOUIS, par la grace de Dieu, Roi de France & de Navarre: A tous préſens & à venir; Salut. Parmi les différens moyens que Nous nous propoſons de mettre en uſage, pour ſubvenir aux dépenſes de notre Etat, Nous préférerons toujours ceux qui, en procurant une augmentation des revenus de l'Etat, ſans être trop onéreux à nos Peuples, ſe trouveront avoir des objets d'utilité publique; les abus que Nous ſommes informés qui ſe ſont introduits dans la fabrication de l'Amidon, Nous ont paru mériter d'autant plus notre attention, qu'ils ont ſouvent eu des ſuites très-préjudiciables à nos Sujets; telles ſont, entr'autres, le rehauſſement du prix des grains, ſur-tout dans des années peu abondantes, par la quantité de bons grains que les Amidonniers employent à faire de l'Amidon, contre la diſpoſition préciſe des Réglemens, qui ne permettent d'en tirer que des grains gâtés & abſolument hors d'état de ſervir à faire du pain; l'uſage dans lequel ſont pluſieurs d'entr'eux, au mépris des Ordonnances, de tirer une première farine des bleds germés & gâtés qu'ils ne devroient employer qu'à faire de l'Amidon, & de la vendre aux Boulangers qui en font du pain, ce qui ne peut manquer de cauſer des maladies; enfin, l'introduction dans la fabrication de l'Amidon des matières prohibées par les Réglemens, & qui dans les différens uſages auxquels cette marchandiſe s'applique, comme la compoſition des dragées, ſucreries, & autres choſes comeſtibles qui ſe préparent par les Confiſeurs, ont quelquefois produit des accidens funeſtes: Des considérations si importantes Nous ayant fait sentir la nécessité d'y pourvoir, Nous avons jugé qu'un droit modique établi sur l'Amidon, & dont la plus forte partie ne porteroit même que sur celui qui vient de l'Etranger, seroit un moyen d'autant plus sûr de remédier à tous les abus dont cette fabrication a jusqu'ici été susceptible, que les préposés à la perception de ce Droit se trouvant à portée de les découvrir dans les visites qu'ils seroient autorisés à faire chez ceux qui le fabriquent, ou qui l'employent; ces découvertes juridiquement dénoncées par des procès-verbaux en bonne forme aux Officiers de Police & aux Magistrats, exciteroient sans doute de plus en plus leur zèle, pour le maintien des Réglemens, dont l'exécution leur est confiée. A ces causes, & autres à ce Nous mouvant, de l'avis de notre Conseil, & de notre certaine science, pleine puissance & autorité royale, Nous avons, par le présent Edit perpétuel & irrévocable, dit, statué & ordonné, disons, statuons & ordonnons, voulons & nous plaît ce qui suit:

ARTICLE PREMIER.

Qu'à commencer du jour de l'enrégistrement du présent Edit, il soit établi, imposé & levé à notre profit, dans toute l'étendue de notre Royaume, Pays, Terres & Seigneuries de notre obéissance, un Droit de deux sols par chaque livre d'Amidon ou de Poudre à poudrer indistinctement, qui est actuellement fabriqué dans le Royaume, comme aussi par chaque livre d'Amidon qui y sera fabriqué à l'avenir; & le double dudit droit sur les Amidons ou Poudre à poudrer qui proviendront de l'Etranger, & entreront dans le Royaume; & sera ledit Droit de deux sols par livre d'Amidon payé par les Fabricans d'Amidon au fur & à mesure de leurs ventes, tant de ce qu'ils ont actuellement de fabriqué, que de ce qu'ils fabriqueront à l'avenir.

II.

Tous les Fabricans, Parfumeurs, Marchands, qui vendent, débitent ou employent dans leur commerce de l'Amidon ou de la Poudre à poudrer, seront tenus, dans la huitaine de la publication de notre présent Edit, de déclarer au Bureau de celui qui sera par Nous préposé à son exécution, la quantité d'Amidon & de Poudre à poudrer qu'ils auront chez eux ou ailleurs, & leurs noms, surnoms, qualités & demeures; comme aussi leurs magasins, boutiques, étuves, ouvroirs ou autres lieux où ils fabriquent, vendent & tiennent l'Amidon: Leur faisons défenses d'en fabriquer, vendre ni tenir ailleurs que dans les endroits qu'ils auront déclarés, à peine de confiscation des Amidons, matières & ustensiles qui s'y trouveront, & de cinq cens livres d'amende; & sera accordé auxdits Parfumeurs & autres Marchands, pour le payement des Droits de ce qu'ils ont actuellement en magasin, un délai suffisant, relativement à leur débit.

III.

La permission de fabriquer des Amidons dans notre Royaume, Pays, Terres & Seigneuries de notre obéissance, demeurera irrévocablement fixée & attachée aux Villes, Bourgs & Lieux où il s'en fabrique actuellement : Faisons défenses à toutes personnes d'en fabriquer ou faire fabriquer ailleurs, à peine de confiscation des Amidons, matières & ustensiles servant à la fabrication & préparation, & de mille livres d'amende, Nous réservant cependant d'étendre ladite permission dans d'autres Lieux, & dans les cas où les circonstances l'exigeront.

IV.

Permettons aux Commis du Préposé de se transporter, quand ils le jugeront à propos, chez les Amidonniers, Parfumeurs, Marchands & autres qui fabriquent ou vendent de l'Amidon & de la Poudre, ou l'employent dans leur commerce, à l'effet de faire la visite des fabriques, magasins, boutiques, étuves & ouvroirs, & l'examen & pesée des matières & marchandises ; enjoignons auxdits Amidonniers, Parfumeurs, Marchands & autres Fabricans, vendant & employant l'Amidon, de souffrir les visites & exercices desdits Commis, sans que sous prétexte d'aucuns priviléges de personnes ou de lieux, ils puissent refuser lesdites visites, a peine de cinq cens livres d'amende.

V.

Défendons aux Parfumeurs & Marchands de Poudre à poudrer, de faire entrer dans sa composition des ingrédiens, tels que le tartre pulvérisé, blanc d'Espagne, chaux, farine ou fleur de féves, de froment & d'autres grains : Voulons que conformément aux Statuts de la Communauté des Parfumeurs de notre bonne Ville de Paris, que Nous déclarons, à cet égard, communs pour tous ceux de notre Royaume, la Poudre à poudrer ne soit composée d'autre matière que d'Amidon, sauf les odeurs ; Défendons aussi aux Perruquiers, Baigneurs & Etuvistes de se servir, dans leurs boutiques ou ailleurs, d'autre Poudre que de celle faite avec de l'Amidon, & d'employer, pour en tenir lieu, de la farine de froment ou autre ; le tout à peine de confiscation & de cinq cens livres d'amende.

VI.

Faisons pareillement défenses, & sous les mêmes peines, aux Amidonniers & Fabricans d'Amidon, de vendre aux Boulangers aucune farine provenant des bleds germés ou gâtés qu'ils sont dans le cas d'employer ; leur ordonnons de se conformer aux Réglemens & Ordonnances de Police : Enjoignons auxdits Commis de veiller à leur exécution, notamment au contenu au présent & précédent article ; en cas de contravention, en dresser des procès-verbaux, qu'ils remettront entre les mains des Commissaires, ou Officiers de Police des Lieux.

VII.

Les Commis du Prépoſé jouiront des mêmes priviléges & exemptions dont jouiſſent les Commis de nos autres Fermes, & leurs exercices, procès-verbaux, & autres actes, ſeront dreſſés conformément à l'Ordonnance des Aydes & Réglemens intervenus en conſéquence, leſquels ſeront communs pour la perception des Droits établis par le préſent Edit. Si donnons en mandement à nos amés & féaux Conſeillers les Gens tenant notre Cour de Parlement & Chambre des Comptes à Paris, que le préſent Edit ils aient à faire lire, publier & regiſtrer, & le contenu en icelui garder, obſerver & exécuter ſelon ſa forme & teneur, nonobſtant tous Edits, Déclarations, Arrêts & Réglemens à ce contraires, auxquels nous avons dérogé & dérogeons par le préſent Edit; aux copies duquel collationnées par l'un de nos amés & féaux Conſeillers-Secrétaires, Voulons que foi ſoit ajoutée comme à l'original: Car tel eſt notre plaiſir; & afin que ce ſoit choſe ferme & ſtable à toujours, Nous y avons fait mettre notre ſcel. Donné à Verſailles au mois de Février, l'an de grace mil ſept cent ſoixante-onze, & de notre règne le cinquante ſixième. *Signé*, LOUIS. *Et plus bas :* Par le Roi, PHELYPEAUX. *Viſa* DE MAUPEOU. Vu au Conſeil, TERRAY. Et ſcellé du grand ſceau de cire verte en lacs de ſoie rouge & verte.

Regiſtré, oui, ce requérant le Procureur général du Roi, pour être exécuté ſelon ſa forme & teneur, à la charge néanmoins qu'après la première viſite relative aux déclarations preſcrites par l'article II. les viſites énoncées en l'article IV. ne pourront être faites par la ſuite chez les Débitans que par les Syndics & Jurés de leur Communauté; & copies collationnées envoyées aux Bailliages, Sénéchauſſées, Elections & autres Sieges du reſſort de la Cour, pour y être lu, publié & regiſtré : Enjoint aux Subſtituts du Procureur général du Roi d'y tenir la main, & d'en certifier la Cour dans le mois; & copies collationnées pareillement envoyées aux Conſeils Supérieurs, pour y être lu, publié & regiſtré conformément à l'Edit du mois de Février dernier, ſuivant l'Arrêt de ce jour. A Paris, en Parlement, toutes les Chambres aſſemblées, le vingt Août mil ſept cent ſoixante-onze.

Signé, VANDIVE.

Collationné ſur la minute étant au Greffe de la Cour, par Nous Ecuyer, Conſeiller-Secrétaire, Maiſon, Couronne de France, & l'un des deux Servans près ſa Cour de Parlement.

LILLE : De l'Imprimerie de N. J. B. PETERINCK-CRAMÉ, Imprimeur ordinaire du Roi.

EDIT DU ROI,

Portant création de CONSEILS SUPERIEURS.

Donné à Verſailles au mois de Février 1771.

Régiſtré en Parlement.

LOUIS, PAR LA GRACE DE DIEU, ROI DE FRANCE ET DE NAVARRE : A tous préſens & à venir ; SALUT. Ce n'eſt qu'avec le regret le plus ſenſible que nous avons vu les Officiers de notre Parlement de Paris ſe livrer à une déſobéiſſance également condamnée par les Loix, par leurs ſermens, par l'intérêt public ; ériger en principe la ſuſpenſion arbitraire de leurs fonctions, & s'attribuer enfin ouvertement le droit d'empêcher l'exécution de nos volontés : Pour colorer leurs prétentions d'un prétexte ſpécieux, ils ont tenté d'allarmer nos ſujets ſur leur état, ſur leur honneur, ſur leurs propriétés, ſur le ſort même des loix qui établiſſent la ſucceſſion à la Couronne, comme ſi un Réglement de diſcipline avoit pu s'étendre ſur ces objets ſacrés, ſur ces inſtitutions que nous ſommes dans l'heureuſe impuiſſance de changer, & dont la ſtabilité ſera toujours garantie par notre intérêt inſéparablement lié avec celui de nos peuples. Nous avons long-temps ſuſpendu l'exercice de notre autorité, dans l'eſpérance que la réflexion les raméneroit à leur devoir ; mais notre bonté même n'a servi qu'à encourager leur résistance, & à multiplier des actes irréguliers, qui ne nous ont enfin laissé que l'alternative ou de les punir, ou de sacrifier les droits les plus essentiels de notre Couronne. Obligés de donner des Juges à nos sujets, nous avons d'abord eu recours aux Officiers de notre Conseil, dont les talens, les lumiéres, le zéle & les services ont toujours justifié notre confiance ; mais après avoir pourvu au besoin du moment, nous avons porté plus loin nos regards, & nous avons senti que l'intérêt de nos peuples, le bien de la Justice & notre gloire même sollicitoient, dans ces circonstances, la réforme des abus dans l'administration de la Justice : Nous avons reconnu que la vénalité des Offices, introduite par le malheur des temps, étoit un obstacle au choix de nos Officiers, & éloignoit souvent de la Magistrature ceux qui en étoient les plus dignes par leurs talens & par leur mérite : Que nous devions à nos sujets une Justice prompte, pure & gratuite ; & que le plus léger mélange d'intérêt ne pouvoit qu'offenser la délicatesse des Magistrats chargés de maintenir les droits inviolables de l'honneur & de la propriété : Que l'étendue excessive du ressort de notre Parlement de Paris étoit infiniment nuisible aux justiciables, obligés d'abandonner leurs familles pour venir solliciter une Justice lente & coûteuse : Que déja épuisés par les dépenses des voyages & des déplacemens, la longueur & la multiplicité des procédures achevoient de consommer leur ruine, & les forçoient souvent à sacrifier les prétentions les plus légitimes : Enfin nous avons considéré que l'usage qui assujettit les Seigneurs aux frais qu'entraîne la poursuite des délits commis dans l'étendue de leurs Justices, étoit pour eux une charge très-pesante, & quelquefois un motif de favoriser l'impunité. En conséquence, nous nous sommes déterminés à établir, dans différentes Provinces, des Tribunaux supérieurs, dont les Officiers nommés gratuitement par nous, sur la connoissance de leurs talens, de leur expérience & de leur capacité, n'auront d'autre rétribution que les gages attachés à leurs Offices. En rapprochant, par cette opération, les Juges & les justiciables, nous faciliterons l'accès des Tribunaux ; nous les rendrons encore plus utiles & plus chers à nos peuples, en simplifiant les formes & en diminuant les frais des procédures. Enfin nous assurerons le repos de nos sujets, le maintien de l'ordre public & la punition des délits, en faisant trouver aux Seigneurs haut-justiciers leur avantage particulier dans la poursuite des coupables, & en leur fournissant les moyens de se décharger des frais qu'entraînent les procédures criminelles. Si pour remplir ces vues, nous avons été forcés de resserrer la juridiction contentieuse de notre Parlement de Paris, nous nous sommes fait un devoir de lui conserver d'ailleurs tous ses droits & toutes ses prérogatives. Dépositaire des loix, chargé de les promulguer, de les faire exécuter, de nous en faire connoître les inconvéniens, & de faire parvenir jusqu'à nous les besoins de nos peuples ; Juge enfin de toutes les questions qui intéressent notre Couronne, & les droits des Pairs & des Pairies, il jouira encore de cette considération plus précieuse que donnent la vertu, les lumiéres, le zéle & le désintéressement. A CES CAUSES & autres à ce nous mouvant, de l'avis de notre Conseil & de notre certaine science, pleine puissance & autorité royale, Nous avons par le présent Edit perpétuel & irrévocable, dit, statué, & ordonné; disons, statuons & ordonnons, voulons & nous plaît ce qui suit.

ARTICLE PREMIER.

Nous avons établi & établissons par notre présent Edit dans les villes d'Arras, de Blois, de Châlons, de Clermont-Ferrand, de Lyon & de Poitiers, un Tribunal de Justice sous la dénomination de *Conseil supérieur*, qui connoîtra au souverain & en dernier ressort de toutes les matières civiles & criminelles dans toute l'étendue des bailliages, qui formeront son arrondissement suivant l'état annexé sous le contre-scel de notre présent Edit; à l'exception néanmoins des Affaires concernant les Pairs & les Pairies, & des autres matières dont nous réservons la connoissance à notre Parlement de Paris.

I I.

LEDIT Conseil supérieur sera composé d'un Premier Président, de deux Présidens, de vingt Conseillers, d'un Notre Avocat, d'un Notre Procureur, de deux Substituts, d'un Greffier civil, d'un Greffier criminel, de vingt-quatre Procureurs & de douze Huissiers.

I I I.

	liv.
ATTRIBUONS au Premier Président.	6000.
à chacun des Présidens.	4000.
à chacun des Conseillers.	2000.
à notre Avocat.	3000.
à notre Procureur.	4000.
à chacun des Substituts.	1000.

de gages; au moyen de quoi il ne pourra être perçu en aucun cas par nosdits Officiers, aucun droit, sous aucune dénomination quelconque, à titre de vacations, épices ou autrement.

I V.

VOULONS que ceux que nous choisirons pour remplir les Offices de Présidens, de Conseillers, de nos Avocats & Procureurs & leurs Substituts auxdits Conseils, soient, pour cette fois, pour leurs provisions & réceptions auxdits Offices, exempts de tous frais & droits, même de marc d'or.

V.

LES Présidens & Conseillers de nosdits Conseils supérieurs, nos Avocats & Procureurs auxdits Conseils, jouiront de la noblesse personnelle, & elle sera transmise à leur postérité, dans le cas où le pere & le fils auront rempli successivement un desdits Offices, chacun pendant vingt ans, ou seront morts dans l'exercice dudit Office avant les vingt années révolues.

VI.

Les Officiers des bailliages seront reçus, & prêteront serment en ceux de nos Conseils supérieurs auxquels ils ressortiront.

VII.

La finance des offices de Greffiers, Procureurs, Huissiers, sera fixée par des rôles arrêtés en notre Conseil.

VIII.

Nos Ordonnances, Edits, Déclarations, Lettres patentes, seront, suivant l'usage, adressés à notre Parlement de Paris, pour y être vérifiés & après leur enrégistrement envoyés par notre Procureur général en notredit Parlement, à nos Procureurs auxdits Conseils supérieurs, pour être par eux publiés à l'audience, sans qu'en aucun cas ils puissent délibérer sur iceux, ni se dispenser de les exécuter: Seront tenus nos Procureurs auxdits Conseils, d'envoyer lesdites Ordonnances, Edits, Déclarations & Lettres patentes, aux bailliages & siéges royaux de leur ressort, lesquels certifieront lesdits Conseils supérieurs de leur publication, & nosdits Procureurs auxdits Conseils supérieurs, donneront avis, à notre Procureur général en notre Parlement de Paris, de la publication faite tant auxdits Conseils qu'aux siéges inférieurs.

IX.

Les délais & formes de procéder auxdits Conseils supérieurs, seront les mêmes que ceux qui s'observent en notre Parlement de Paris, & qui sont prescrits par nos Ordonnances, jusqu'au Réglement que nous nous proposons de donner à ce sujet.

X.

Nous nous réservons de pourvoir, par des Réglemens particuliers & locaux, à tout ce qu'exigera la discipline intérieure desdits Conseils supérieurs, & la bonne & prompte expédition de la Justice.

XI.

Le nombre des Procureurs de notre Parlement de Paris, ne sera à l'avenir que de cent; & à cet effet les charges actuellement vacantes, & toutes celles qui viendront à vaquer, soit par mort ou par démission, seront & demeureront supprimées, jusqu'à ce que la réduction ait été effectuée; & la finance en sera par nous remboursée tant avec les sommes qui proviendront de la finance des nouveaux offices de Greffiers, Procureurs & Huissiers en nos Conseils supérieurs, qu'avec celles que nous y destinons: A l'effet de quoi les propriétaires desdits offices, seront tenus de remettre leurs quittances de finance & autres titres entre les mains du Contrôleur général de nos finances pour être procédé à la liquidation desdits offices.

XII.

Les Procureurs en notre Parlement de Paris, qui voudront s'établir auprès de nos Conseils supérieurs, y exerceront lesdites fonctions de Procureurs, sans nouvelles provisions ni réceptions; à la charge seulement par eux d'en obtenir de nous l'agrément, & ensuite de remettre au greffe desdits Conseils une expédition en forme desdites provisions, sur lesquelles mention sera faite de notre agrément & de l'Arrêt de leur réception ; & l'excédant de la finance de leurs offices ſur celle des offices créés pour noſdits Conſeils, leur ſera par nous rembourſé.

XIII.

POURRONT pareillement les Procureurs de notre Parlement de Paris, vendre leurs offices aux ſujets qui deſireroient ſe fixer auprès des Conſeils ſupérieurs, & l'excédant du prix deſdits offices ſera rembourſé aux acquéreurs, comme il l'eût été aux titulaires.

XIV.

VOULONS qu'en matière criminelle, lorſque les Juges des Seigneurs auront informé & décrété avant nos Juges, l'inſtruction en première inſtance ſoit faite à nos frais ; mais que dans le cas où nos Juges auroient prévenu ceux des Seigneurs, l'inſtruction en première inſtance ſoit faite aux frais deſdits Seigneurs : Pourront les Procureurs des Seigneurs, incontinent après l'information & les décrets, en envoyer une groſſe à nos Procureurs, pour la procédure être continuée par nos Officiers.

XV.

VOULONS qu'en cas d'appel, tous les frais de tranſport, de renvoi, d'exécution, même ceux des inſtructions que nos Juges croiront néceſſaires, ſoient dans tous les cas à notre charge, ſans aucune répétition contre les Seigneurs. SI DONNONS EN MANDEMENT à nos amés & féaux les Gens tenant notre Cour de Parlement à Paris, que notre préſent Edit ils aient à faire lire, publier & régiſtrer ; & le contenu en icelui garder, obſerver & exécuter ſelon ſa forme & teneur : CAR TEL EST NOTRE PLAISIR ; & afin que ce ſoit choſe ferme & ſtable à toujours, nous y avons fait mettre notre ſcel. DONNÉ à Verſailles au mois de Février, l'an de grace mil ſept cent ſoixante-onze, & de notre règne le cinquante-ſixième. *Signé*, LOUIS. *Et plus bas*, Par le Roi. *Signé*, PHELYPEAUX. *Viſa* DE MAUPEOU, *pour création de Conſeils ſupérieurs.* Et ſcellé du grand ſceau de cire verte en lacs de ſoie rouge & verte.

Régiſtré, oui & ce requérant le Procureur général du Roi, pour être exécuté ſelon ſa forme & teneur ; & copies collationnées envoyées aux Conſeils ſupérieurs y denommés, pour y être lu, publié & régiſtré, ſuivant l'Arrêt de ce jour. Fait en Parlement, toutes les Chambres aſſemblées, à Paris, le vingt-trois Février mil ſept cent ſoixante-onze. Signé, YSABEAU.

ETAT

Des CONSEILS SUPÉRIEURS & des BAILLIAGES qui y ressortissent.

Conseil supérieur d'ARRAS.

Aire.
Ardres.
Avesne-le-Comte.
Bapaume.
Boulogne-sur-mer.
Bourbourg & Gravelines.
Calais.
Dunkerque.
Gouvernance d'Arras.
Hesdin.
Lens.
Montreuil.
Saint-Omer.

Conseil supérieur de BLOIS.

Amboise.
Angers.
Baugé.
Beaufort.
Blois.
Bourges.
Château-du-Loir.
Châteaudun.
Châteaurenault.
Châteauroux.
Châtillon-sur-Indre.
Chinon.
Concressault.
Dun-le-Roy.
Fresnay.
Issoudun
La Flèche.
Langeais.
Laval.
Le Mans.
Loches
Loudun.
Mamers.
Mayénne.
Meun-sur-Yèvre.
Romorantin.
Saumur.
Tours.
Vierzon.

Conseil supérieur de CHALONS.

Bar-le-Duc.
Châlons.
Châtillon-sur-Marne.
Chaumont.
Clermont-en-Argonne.
Epernay.
Langres.
Montignon.
Rumilly
Saint-Dizier.
Sainte-Ménéhould.
Troies.
Virey-sous-Bar.
Vitry-le-François.

Conseil supérieur de CLERMONT-FERRAND.

Aurillac.
Clermont.
Cusset.
Gueret.
Montluçon.
Montaigu-les-Combrailles.
Moulins.
Murat.
Nevers.
Riom.
Salers.
Saint-Amand.
Saint-Flour.
Saint-Pierre-le-Moutier.
Souvigny.
Vic.

Conseil supérieur de LYON.

Bourg-Argental.
Charlieu.
Mâcon.
Montbrison.
Roanne.
Saint-Etienne.
Ville-Franche.

Conseil supérieur de POITIERS.

Augoulême.
Bellac.
Châtellerault.
Civray.
Coignac.
Dorat.
Fontenay-le-Comte.
La Rochelle.
Lusignan.
Montmorillon.
Niort.
Rochefort.
Saint-Maixant.
Vouvent.

FAIT & arrêté au Conseil d'Etat du Roi, Sa Majesté y étant, tenu à Versailles le vingt-deuxième jour de Février mil sept cent soixante-onze. *Signé*, PHELYPEAUX.

Régistré, ouï & ce requérant le Procureur général du Roi, pour être exécuté selon sa forme & teneur; & copies collationnées envoyées aux Conseils supérieurs y dénommés, pour y être lu, publié & régistré, suivant l'Arrêt de ce jour. FAIT en Parlement, toutes les Chambres assemblées, à Paris, le vingt-trois Février mil sept cent soixante-onze. Signé, YSABEAU.

DISCOURS

DE M. LE CHANCELIER, AU PARLEMENT.

MESSIEURS,

SA MAJESTÉ auroit pu borner ses vues à réparer les pertes de la Magistrature.

Mais sa tendresse pour ses peuples a fixé ses regards sur l'administration de la Justice, & c'est du plus triste des événemens que sa sagesse va faire éclore un ordre plus heureux & long-temps desiré par nos pères.

La vénalité introduite par la nécessité des circonstances, semble avilir le ministère le plus auguste, en faisant acheter le droit de l'exercer. Elle ôte au choix du Prince ce qu'il a de plus flatteur, & dérobe au mérite une partie de sa récompense, en admettant la fortune à la partager.

Le Magistrat qui se dévoue aux travaux les plus pénibles, craint encore que ce dévouement même ne soit calomnié, & qu'en rendant hommage à l'utilité de ses services, on ne le rende pas à la pureté de ses vues.

Dans l'étendue d'un ressort immense, son zèle trouve des occupations toujours renaissantes, mais toujours l'impuissance d'acquitter sa dette & de soulager tous les malheureux qui ont des droits sur son ministère.

Obligés d'abandonner leurs familles, leurs affaires; réduits, pour défendre une partie de leur patrimoine, à en hasarder le reste, les sujets du Roi viennent du fond des provinces implorer sa justice, & s'en retournent souvent sans l'avoir obtenue.

L'art fécond de la procédure éloigne à chaque instant le terme de leurs peines, & par le plus funeste des abus, le moyen d'assurer leur propriété devient un moyen de plus pour consommer leur ruine.

Enfin la poursuite des délits, l'exercice de ce pouvoir rigoureux, mais nécessaire, qui assure le repos des peuples, est, pour les Seigneurs hauts-justiciers, une surcharge particulière. La crainte, la compassion, plus souvent encore l'intérêt, suspendent l'activité de leurs Officiers; de là l'évasion des coupables & l'impunité qui les encourage & les multiplie.

Témoins de ces désordres, vous en avez souvent gémi aux pieds du thrône, vous avez vu Sa Majesté pénétrée & de la grandeur du mal & de la difficulté du remède.

Mais enfin le moment est arrivé pour Elle de rendre au moins à une partie de la Magistrature son ancienne splendeur, & d'affranchir la justice des entraves qui l'arrêtent dans sa marche.

On ne verra plus dans les Ministres des loix, que le choix gratuit du Prince & le mérite qui les en a rendus dignes : Ils exerceront d'augustes fonctions avec ce désintéressement qui les ennoblit encore, & les rend plus respectables. Des Tribunaux s'élèveront dans les Provinces, Sa Majesté sera présente à tous ses sujets par l'impression de sa Justice souveraine, la procédure ne sera plus un fléau destructeur, & le crime redoutera par-tout l'œil du Vengeur public.

Après avoir été les ministres de la bienfaisance du Roi, vous reviendrez, Messieurs, auprès de lui coopérer à de nouveaux desseins, & achever sous ses yeux l'ouvrage le plus intéressant pour la félicité des peuples.

Ranimer l'étude de la Jurisprudence, faire revivre le goût des connoissances utiles, rapprocher toutes les Ordonnances, les lier & en faire un tout dont les différentes parties se correspondent, réunir enfin, autant qu'il sera possible, la France sous l'empire des mêmes loix, comme elle est réunie sous l'empire du même Prince : Voilà, Messieurs, le vœu de Sa Majesté, & l'occupation qu'Elle propose à votre zèle.

Jamais travail ne fut plus digne de vos talens, ni du cœur du Roi qui l'a conçu ; il éternisera sa gloire comme ses bienfaits, & ce titre glorieux que notre amour lui a donné, sera pour la postérité la plus reculée l'expression de sa reconnoissance & de la nôtre.

Lille : de l'Imprimerie de N. J. B. PETERINCK-CRAMÉ, Imprimeur ordinaire du Roi.

ÉDIT DU ROI,

CONCERNANT

L'EVALUATION DES OFFICES,

Donné à Verſailles au mois de Février 1771.

Regiſtré ès Regiſtres de l'Audience de France le 23 Mai ſuivant.

LILLE:

De l'Imprimerie de N. J. B. PETERINCK-CRAMÉ,
Imprimeur ordinaire du Roi.

EDIT DU ROI,

CONCERNANT

L'ÉVALUATION DES OFFICES.

Donné à Versailles au mois de Février 1771.

Registré ès Registres de l'Audience de France le 23 Mai suivant.

LOUIS, PAR LA GRACE DE DIEU, ROI DE FRANCE ET DE NAVARRE : A tous présens & à venir; salut. Les Offices n'étant en eux-mêmes que le droit de remplir à notre décharge, des fonctions essentiellement liées à notre juridiction & à notre administration, la nomination auxdits Offices est un des principaux attributs de notre Souveraineté : Mais si en vertu de la plénitude & de l'universalité de notre pouvoir, nous faisons exercer par nos Officiers une portion de l'autorité qui nous appartient, ils ne peuvent transmettre à leurs successeurs, le dépôt que nous leur ſions ; & de quelque manière que les Offices paſſent dans le commerce, le titulaire ne peut recevoir que de nous immédiatement & ſon titre & les droits qui ne peuvent lui être tranſmis avec la ſucceſſion, ni conférés par la réſignation de ſon prédéceſſeur. Les beſoins de l'État ayant néceſſité les Rois nos prédéceſſeurs, à attacher une finance aux différens Offices, François I.er & Charles IX. pour que les Officiers puſſent en conſerver le prix & le mettre dans le commerce, leur accorderent à tous, ſans exception, la faculté de réſigner, ſe contentant d'aſſujettir chaque réſignataire à payer un droit de mutation, & à condition que le réſignant ſurvivroit quarante jours à ſa réſignation : Depuis, Henri IV. ayant conſidéré que le prix des Offices formoit un objet important pour les familles, & ayant égard aux riſques auxquels ces mêmes Offices ſe trouvoient expoſés par la règle des quarante jours, voulut bien en diſpenſer, par ſa Déclaration du 12 Décembre 1604, tous ceux d'entr'eux qui voudroient payer en ſes revenus caſuels, un droit annuel, fixé alors au ſoixantième denier de la valeur de leurs Offices, & leur accorder la faculté de conſerver ces mêmes Offices à leurs veuves, enfans ou héritiers, grace qui a ſubſiſté juſqu'aujourd'hui, au grand avantage de nos ſujets ; mais ni la faculté de réſigner, ni la ſorte d'hérédité réſultante du payement de l'annuel, n'ont pu donner atteinte au droit inſéparable de notre Souveraineté, de diſpoſer des Offices, vacation arrivant ; cette faculté & cette hérédité ne ſont qu'un privilége, qui ſans anéantir la règle générale, peut ſimplement déterminer le choix que nous faiſons du ſucceſſeur à l'Office, & non le contraindre, & ne donne d'autre droit que d'en revendiquer la finance, qui ne doit en aucun cas être confondue avec le corps même de l'Office : C'eſt d'après ces principes qu'en 1605, pour fixer, tant le prix de tous les Offices de notre Royaume, que la perception des droits auxquels ils étoient aſſujettis, il en fut arrêté des États d'évaluation, leſquelles évaluations ont été augmentées d'un quart en ſus en 1638 : Les divers changemens ſurvenus depuis, ayant augmenté la valeur des uns & diminué celle des autres, notamment des Offices de Judicature, il n'y a plus aucune proportion entre leur valeur actuelle & ces anciennes évaluations, ni conſéquemment entre les droits dont ils ſont tenus envers nous, & qui ne peuvent néanmoins être perçus d'une manière équitable, que relativement à cette même valeur : De plus, il y a nombre d'Offices d'une création postérieure, qui ne sont point compris dans ces Etats d'évaluation, ce qui rend à leur égard la perception de nos droits, difficile & souvent incertaine. Nous avions pensé depuis long temps que pour remédier à ces inconvéniens, il étoit nécessaire d'arrêter de nouveaux rôles d'évaluation de tous les Offices de Justice, Police, Finance & autres de notre Royaume; notre Chambre des Comptes de Paris, par son Arrêt du 22 Décembre 1761, portant enrégistrement de notre Déclaration du 4 dudit mois, sur la comptabilité de nos revenus casuels, nous ayant fait sentir de plus en plus cette nécessité, nous avons jugé ne pas devoir différer davantage à remplir un objet aussi important : De tous les moyens qui nous ont été proposés, nous n'en avons pas trouvé de plus équitable que celui de laisser aux propriétaires d'offices, la liberté d'en fixer eux-mêmes la valeur, en ordonnant en même-temps que l'estimation qu'ils en feront, en formera désormais le prix, en sorte qu'en cas de suppression, ou dans le cas où nous en disposerions, vacation arrivant, ils ne pourront prétendre de nous ou de ceux que nous aurons agréés, autre remboursement ni plus forte somme que celle à laquelle ladite fixation aura été faite; l'esprit de justice qui nous anime, nous a fait adopter ce parti d'autant plus volontiers, qu'il mettra les propriétaires des offices (qui, quoique tombés de prix au-dessous de la finance payée en nos revenus casuels, doivent les droits sur le pied de cette même finance) à portée de les réduire proportionnellement à leur valeur actuelle; & qu'à l'égard des autres, dont les offices ont été portés dans le commerce, au-dessus de leur finance, sur le pied seul de laquelle ils auroient pu être remboursés, nous leur assurerons & à leurs successeurs, d'une manière stable & permanente, le prix de leur acquisition. Comme d'ailleurs notre intention est de supprimer, lorsque les circonstances nous le permettront, quantité d'offices qui ne doivent leur création qu'aux nécessités de l'Etat, & qui lui sont onéreux, nous pourrons par ce moyen, sans donner lieu à aucunes plaintes de la part des propriétaires ou titulaires d'offices, fixer à la fois & les droits auxquels ils seront assujettis envers nous, & les sommes dont nous serons tenus envers eux, vacation arrivant de leursdits offices, ou dans le cas où ils viendroient à être supprimés; l'expérience faisant voir tous les jours que le bon ordre ne peut subsister long-temps dans aucune partie, s'il n'est fondé sur des loix simples & uniformes: Et notre Chambre des Comptes de Paris nous ayant aussi fait connoître par son Arrêt du 22 Décembre 1761, l'importance dont il seroit, tant pour établir cette uniformité que pour la conservation de l'autorité nécessaire à nos Officiers, pour le maintien de l'ordre & de la tranquillité publique, qu'ils ne tinssent leur pouvoir que de notre choix & de notre nomination; nous avons cru devoir assujettir au présent réglement, tous les Offices royaux, même ceux dont la nomination a été concédée aux Engagistes de nos Domaines, Echangistes & autres, en pourvoyant au dédommagement desdits Engagistes & Echangistes, ainsi qu'il sera réglé ci-après.

Nous avons en outre considéré que les Offices, dont la différence ne devroit consister que dans la différence de leurs fonctions, puisqu'ils émanent tous d'une même origine, varient néanmoins entr'eux par la distinction d'hérédité, de survivance & de casualité: Nos Édits & Déclarations des mois de Décembre 1743, Janvier & Février 1745, ayant entr'autres admis plusieurs de nos Officiers à racheter le prêt & l'annuel avec attribution de l'hérédité ou de la survivance, la plupart ne se sont point trouvés en état de satisfaire à ce rachat, en sorte que nous avons été obligés de les en décharger par notre Déclaration du 8 Septembre 1752, & d'ordonner que leurs offices demeureroient casuels comme auparavant: En conséquence, parmi les offices de même nature & de même juridiction, il s'en trouve qui sont dispensés de l'annuel, d'autres qui y sont sujets, ce qui jette une grande confusion dans nos revenus casuels; Nous avons donc jugé que nous ne pourrions remplir qu'imparfaitement l'objet que nous nous sommes proposé par notre present Édit, si nous n'obvions pour l'avenir à cette confusion: C'est dans cette vue que nous avons résolu de révoquer toutes les hérédités & survivances, à quelque titre qu'elles aient été établies, sauf à indemniser ceux qui en jouissent, des finances qu'ils peuvent avoir payées à cet effet, & de ramener tous les offices à leur uniformité primitive, en les assujettissant tous indistinctement à la même nature de droits; à la réserve des offices de notre Conseil & de ceux de nos Cours & Conseils Supérieurs, exceptés de l'annuel, par notre Déclaration du 9 Août 1722, en faveur desquels, eu égard au peu de gages qui leur sont attribués

& à l'importance de leurs fonctions ; nous avons bien voulu continuer la même exemption. A CES CAUSES & autres à ce nous mouvant, de l'avis de notre Conseil, & de notre certaine science, pleine puissance & autorité royale, Nous avons par le présent Édit perpétuel & irrévocable, dit, statué & ordonné ; disons, statuons & ordonnons, voulons & nous plaît ce qui suit.

ARTICLE PREMIER.

Les pourvus ou propriétaires de tous Offices royaux de quelque nature & qualité que soient lesdits offices, même de ceux qui seroient exercés sur de simples quittances de finance, & soit qu'il y ait été par nous pourvu sur la nomination d'Engagistes ou autres, qui prétendroient être en droit ou possession d'y nommer, seront tenus dans six mois pour tout délai, à compter du jour de la publication du présent Édit, de remettre ès mains du Contrôleur général de nos finances, une déclaration du prix auquel ils estimeront que leurs offices doivent être fixés ; laquelle déclaration formera à l'avenir & à toujours, l'entière & absolue fixation de la finance & prix desdits offices, sauf toutefois ce qui sera ci-après prescrit par les articles XI. XII. & XIII. du présent Édit : Entendons néanmoins, à l'égard des offices comptables, qu'il ne puisse excéder celui porté par le contrat d'acquisition d'iceux ou autres titres équivalens.

II.

Les déclarations des offices créés pour former une même Cour, Siége & Juridiction, seront faites dans une assemblée de ladite Cour, Siége & Juridiction, par une délibération de laquelle il sera fait & signé deux doubles, pour être l'un d'iceux envoyé aussitôt au Contrôleur général de nos finances, ainsi qu'il est porté par l'article précédent, & l'autre demeurer au greffe de ladite Cour ou dudit Siége & Juridiction.

III.

Les déclarations des offices créés pour composer un même corps ou communauté, seront pareillement faites dans une assemblée desdits corps ou communauté, qui sera convoquée par les Syndics & par une délibération dont un double sera déposé, & ce sans frais, au greffe de la Cour ou du Siége & Juridiction du ressort, & un autre sera envoyé au Contrôleur général de nos finances, conformément à l'article premier.

I V.

Les déclarations contenues dans les délibérations prises conformément aux deux précédens articles, seront à l'égard des offices de même nature & qualité dans lesdites Cours, Siéges, corps ou communautés, faites & arrêtées à la pluralité des voix entre les pourvus desdits offices de même création ou finance; & à l'égard des offices particuliers & distincts par leurs titres, rangs, fonctions & prérogatives, suivant l'estimation des Titulaires : N'entendons au surplus empêcher que, dans le cas où sur la quotité des fixations il y auroit variété d'opinions, il ne soit envoyé au Contrôleur général de nos finances, les différens avis motivés avec le nombre de ceux qui les auroient embrassés, & tels mémoires & instructions qui seroient avisés bon être.

V.

Lesdites délibérations, indépendamment de ladite fixation, feront mention du nombre des offices dont lesdites Cours, Siéges, corps ou communautés sont ou doivent être composés, des noms des Titulaires desdits offices, même de ceux qui seroient absens & n'auroient assisté auxdites délibérations; ensemble des offices vacans par mort ou autrement.

V I.

Les déclarations des offices qui ne font partie d'aucune Cour ni d'aucun Siége, corps ou communauté, seront faites par actes passés pardevant Notaires, dont il restera minute, & dont l'expédition sera pareillement envoyée au Contrôleur général de nos finances, dans le délai ci-dessus prescrit; & pour le contrôle desdits actes, à quelque somme que monte la fixation portée par icelui, il ne pourra être perçu que dix sous.

VII.

Les pourvus ou propriétaires d'offices casuels, qui n'auront pas envoyé leur déclaration dans la forme & dans les délais portés par les articles précédens, ne pourront être admis au payement de l'annuel, jusqu'à ce qu'ils l'aient envoyée : Voulons même qu'en cas de décès desdits Officiers en perte d'office, sans avoir satisfait auxdits articles, il ne soit accordé à leurs veuves ou héritiers aucune préférence ni faveur sur la taxe desdits offices, & que le prix auquel ils auront été taxés en nos revenus casuels, leur serve de fixation définitive, & qu'ils soient portés sur ce pied dans les rôles & état général ordonnés par l'article X. de notre présent Édit.

VIII.

Et où le pourvu d'un desdits offices casuels, viendroit à décéder dans le susdit délai de six mois, après avoir payé le prêt & l'annuel, & sans avoir envoyé sa déclaration, ses héritiers ou ayans cause seront tenus de la donner & de l'envoyer dans un an, à compter du jour de son décès ; sinon, & ledit délai passé, lesdits offices seront réputés vacans & taxés comme tels en nos revenus casuels, sans que ladite peine puisse être réputée comminatoire ; & ladite taxe servira de fixation définitive pour le prix desdits offices, dans les rôles & l'état général.

IX.

A l'égard des offices qui seront ci-après maintenus dans le droit de survivance, Voulons que faute par les pourvus ou propriétaires d'en avoir envoyé la déclaration dans ledit délai de six mois, ils ne puissent, jusqu'à ce qu'il y ait été satisfait, être admis à payer en nos revenus casuels les droits de résignation ou nomination de leurs offices.

X.

Sur le vu desdites déclarations, & à mesure qu'elles auront été envoyées au Contrôleur général de nos finances, il sera arrêté en notre Conseil, des rôles des offices déclarés, à l'effet d'y être employés ſur le pied porté par icelles, & d'en être perçu ſur ledit pied les droits à nous dûs : Voulons que ſur le vu de tous leſdits rôles, il ſoit par nous arrêté en notre Conſeil un état général deſdits offices, & du prix auquel ils auront été portés dans les ſuſdits rôles, pour être ledit état envoyé à notre Chambre des Comptes de Paris; à l'effet de quoi nous lui adreſſerons nos Lettres en la forme ordinaire.

X I.

Deſirant néanmoins que ladite fixation ſoit faite avec autant de juſtice & d'équité qu'il ſera poſſible, Voulons qu'après la confection de chacun deſdits rôles ou dudit état général, celui qui auroit acquis un office au-deſſous du prix fixé par leſdits rôles ou état général, puiſſe remettre au Tréſorier de nos revenus caſuels ſon contrat d'acquiſition ; à l'effet d'être leſdits rôles ou état général réformés en notre Conſeil en ce qui concerne ledit office, lequel y ſera employé ſur le prix porté par le contrat d'acquiſition, ce qui n'aura lieu qu'à la première mutation ſeulement, qui ſera arrivée après la confection deſdits rôles ou dudit état, & ſeulement à l'égard des offices dont le prix n'auroit pas été fixé par une délibération, ainſi qu'il eſt ci-deſſus porté.

X I I.

Pourra pareillement, à ladite première mutation, tout nouveau propriétaire, à autre titre que celui de vente d'un office dont le prix n'auroit pas été fixé par délibération, fournir au Tréſorier de nos revenus caſuels une nouvelle déclaration de ſon office, à l'effet d'en faire réformer l'article dans leſdits rôles ou état général, & de l'y faire employer ſur le pied de ladite déclaration.

X I I I.

Et où aucun des offices, autres que ceux fixés par délibération, dont la déclaration auroit été faite, ſeroit tombé vacant en nos revenus caſuels pour la première fois depuis la confection deſdits rôles ou dudit état général ; Voulons que dans le cas où il ſe trouveroit taxé au-deſſous du prix porté par leſdits rôles ou état général, l'article pour lequel il y aura été employé foit, pour cette fois feulement, réformé fur le pied de la taxe qui en aura été faite comme vacant en nos revenus cafuels : Nous réfervant toutefois de faire fur la finance defdits offices telle remife que nous jugerons convenable en faveur de la veuve & des enfans de l'officier décédé en perte d'office, fans qu'il en puiffe réfulter aucun changement à la fixation : Voulons qu'audit cas la quittance de vacant porte la fomme à laquelle montera ladite remife, fans que la fixation totale de l'office puiffe être diminuée, ni que le Tréforier de nos revenus cafuels puiffe être tenu de compter d'autre fomme que de celle qu'il aura réellement reçue.

XIV.

N'entendons comprendre dans les trois articles précédens, les offices des Cours ni ceux des Siéges, Corps ou Communautés dont la fixation auroit été faite par délibération, laquelle demeurera irrévocable.

XV.

Dans tous les cas où le prix defdits offices auroit été réformé dans ledit état général, il fera dreffé un état defdites réformations pour être envoyé à notre Chambre des Comptes, ainfi qu'il eft porté par l'article X. ci-deffus.

XVI.

Aucun office ne pourra être vendu, foit en Juftice, foit autrement, au-delà de la fixation portée par les rôles ou état général, ou par les réformations qui en auront été faites dans les cas portés par les articles ci-deffus du préfent Edit, fous telle peine qu'il appartiendra, fuivant l'exigence des cas : Et à l'égard des offices qui pourroient être acquis en nos revenus cafuels pour la premiére fois depuis leur création, Voulons pareillement qu'ils ne puiffent être vendus par la fuite au-deffus de la finance pour laquelle ils feroient acquis, qui en formera la fixation définitive, & fur le pied de laquelle ils feront portés dans lefdits rôles & état général.

XVII.

Et où nous jugerions à propos, pour le bien de notre Etat, de réunir ou même de ſupprimer aucuns deſdits offices ; Voulons qu'ils ſoient rembourſés ſur le pied de la fixation portée par leſdits rôles & état général.

XVIII.

Vacation arrivant deſdits offices, par mort, réſignation ou autrement, nous nous réſervons la faculté d'en diſpoſer en faveur de telles perſonnes que nous jugerons convenables : Voulons en conſéquence, que celui qui ſe préſentera pour remplir un deſdits offices, ſoit tenu de remettre au Tréſorier de nos revenus caſuels, l'acte de réſignation, démiſſion ou nomination audit office, le nom en blanc, enſemble le titre en vertu duquel ledit acte auroit été paſſé ; & ſera ledit acte de réſignation, démiſſion ou nomination, rempli du nom de celui qu'il nous aura plu agréer, à la charge par lui de rembourſer au propriétaire dudit office le montant de la fixation ou le prix porté par ledit titre, lequel prix néanmoins ne pourra être porté au-deſſus de celui fixé par les rôles & état général, ou par les réformations qui en auroient été faites, en rapportant par leſdits propriétaires un certificat des Gardes des rôles, portant qu'il n'y auroit aucune oppoſition entre leurs mains lors du ſceau des proviſions dudit office ; & en cas qu'il ſoit ſurvenu des oppoſitions au ſceau deſdites proviſions, à la charge de conſigner le prix dudit office aux revenus caſuels, pour être délivré aux propriétaires d'icelui, après avoir rapporté main-levée deſdites oppoſitions, laquelle conſignation ſera faite ſans frais & avant que leſdites proviſions ſoient ſcellées ; & où nous ne jugerions pas à propos de diſpoſer dudit office dans huitaine, à compter du jour de la remiſe de l'acte de réſignation, démiſſion ou nomination, il en ſera fait mention par le Tréſorier de nos revenus caſuels, en marge dudit acte ; & pourront les porteurs d'icelui, pourſuivre des proviſions en la manière accoutumée.

XIX.

Et pour que les droits qui nous ſont dûs, pour raiſon des

offices caſuels, puiſſent être à l'avenir réglés & perçus d'une manière plus ſimple, plus uniforme & plus favorable à nos ſujets, Voulons qu'à compter du 1.er Novembre 1772, les pourvus deſdits offices ſoient admis à les conſerver, en payant annuellement en nos revenus caſuels le centième denier du prix auquel ils auront été fixés par les ſuſdits rôles ou état général, & que ledit droit nous tienne lieu, à l'avenir & à perpétuité, de ceux de prêt & annuel: Voulons en outre que le droit de réſignation ou nomination deſdits offices ſoit & demeure irrévocablement fixé au vingt-quatrième de leur fixation & deux ſous pour livre; le tout ſans préjudice du double & triple droit, dans les cas portés par nos Edits & Déclarations.

XX.

Voulons que toutes les hérédités & ſurvivances, dont jouiſſent aucuns des pourvus des Offices de juſtice, police, finance ou autres Offices royaux, à quelque titre qu'elles aient été établies, ſoient & demeurent révoquées, à commencer du 1.er Janvier prochain, comme nous les révoquons par notre préſent Édit; au moyen de quoi, tous leſdits offices ſeront & demeureront ſujets aux droits portés par l'article précédent: Exceptons néanmoins les Préſidens & Conſeillers de nos Cours ſupérieures, Préſidens, Maîtres, Correcteurs & Auditeurs de nos Chambres des Comptes; les Avocats & Procureurs généraux, & Greffiers en chef deſdites Cours & Chambres; les ſieurs Intendans des finances & du commerce, Maîtres des requêtes, Gardes de notre Tréſor royal, & Tréſorier de nos revenus caſuels, conformément à notre Déclaration du 9 Août 1722; leſquels continueront à jouir de la ſurvivance, & dont le droit de mutation demeurera réglé au ſeizième du prix fixé par les rôles ou l'état général, avec les deux ſous pour livre, ſans préjudice du double & triple droit, dans les cas portés par nos Édits & Déclarations.

XXI.

Il ſera par Nous pourvu, s'il y échet, au rembourſement, tant des finances qui pourroient nous avoir été avancées par les Officiers, pour jouir des hérédités ou ſurvivances révoquées par le précédent article, que de l'intérêt desdites avances, à compter du jour des quittances qui leur en ont été expédiées, déduction faite néanmoins de ce qu'ils auroient été tenus de nous payer chaque année pour leur prêt & annuel, à compter du jour de l'attribution desdites hérédités ou survivances, jusqu'audit jour 1.er Janvier 1772, & sans néanmoins, à l'égard de ceux qui par l'évènement se trouveroient avoir payé moins que ce qui leur en auroit coûté pour lesdits droits de prêt & annuel, qu'il puisse y avoir lieu envers eux à aucune répétition du surplus.

XXII.

Et attendu que le choix & la nomination aux Offices de notre Royaume est un droit inséparable de notre Couronne, qui n'a jamais pu ni ne peut jamais en être distrait au profit de personne, à quelque titre que ce soit: Voulons que conformément aux anciennes Ordonnances, le droit de nomination auxdits Offices ne puisse être compris dans aucun don, concession, échange ou engagement, ni être prétendu en vertu d'aucune possession, quand elle seroit immémoriale, & sous quelque prétexte que ce puisse être : Déclarons nuls & de nul effet, toutes lettres, arrêts, actes ou clauses pareilles qui auroient été surpris jusqu'à ce jour, ou qui pourroient l'être à l'avenir ; Voulons que tous ceux qui en auroient joui, cessent d'en jouir du jour de la publication de notre présent Édit : Défendons d'expédier des provisions sur la nomination d'aucuns de nos sujets, & à tous Siéges de les enrégistrer & de recevoir aucun Officier sur icelle : Défendons à nos Cours d'enrégistrer aucunes lettres ou actes dans lesquels ledit droit auroit été inséré, & de faire exécuter les lettres ou actes ci-devant accordés avec ladite clause; comme aussi à ceux qui les auroient obtenus d'en faire aucun usage, à peine de nullité: Enjoignons à nos Procureurs généraux, de tenir la main à l'exécution du présent article, dont nous chargeons leur honneur & leur conscience.

XXIII.

Il sera par Nous pourvu, ainsi qu'il appartiendra, à l'indemnité des Échangistes & des Engagistes auxquels ledit droit de nomination auroit été accordé ; à l'effet de quoi, ils remettront dans six mois pour tout délai, ès mains du Contrôleur général de nos finances, les contrats d'échange ou d'engagement, procès-verbaux d'évaluation & autres pièces justificatives de la concession & du produit dudit droit, si mieux n'aiment lesdits Engagistes ou Echangistes, nous supplier de leur accorder la décharge des frais de justice dont ils sont tenus.

XXIV.

N'entendons au surplus préjudicier à l'ordre établi pour les Offices dépendans de l'apanage de notre très-cher & très-amé Cousin le Duc d'Orléans, premier Prince de notre Sang, par les Lettres patentes du mois de Mars 1661, la Déclaration du 2 Avril suivant, les Lettres patentes des 24 Avril 1672 & 28 Janvier 1751, & autres concernant ledit apanage, lesquelles continueront d'être exécutées ; à la charge par notredit Cousin, de se conformer aux règles établies pour nos revenus casuels, en ce qui concerne les droits de prêt, annuel, mutation & autres.

XXV.

N'entendons pareillement déroger aux droits attachés d'ancienneté à quelqu'un des Offices de notre Couronne, en ce qui concerne les offices qui y sont subordonnés, ni en ce qui concerne les offices de nos Chancelleries, à l'égard desquels il en sera usé comme par le passé. Si donnons en mandement à notre très-cher & féal Chevalier Chancelier de France, le sieur de Maupeou, Commandeur de nos Ordres, que notre présent Édit il fasse lire & publier, le sceau tenant, & le contenu en icelui garder, observer & exécuter selon sa forme & teneur, nonobstant tous Edits, Déclarations, Arrêts, Réglemens & autres choses à ce contraires, auxquels nous avons dérogé & dérogeons : Voulons qu'aux copies du présent Edit, collationnées par l'un de nos amés & féaux Conseillers-Secrétaires, foi soit ajoutée comme à l'original : Car tel est notre plaisir ; & afin que ce soit chose ferme & stable à toujours, nous y avons fait mettre notre scel. Donné à Versailles au mois de Février, l'an de grace mil sept cent soixante-onze, & de notre règne le cinquante-sixième. *Signé*, LOUIS. *Et plus bas*, Par le Roi.

Signé, PHELYPEAUX. *Visa* DE MAUPEOU. *Pour évaluation des Offices.* Vu au Conseil, TERRAY. Et scellé du grand sceau de cire verte, sur doubles lacs de soie rouge & verte.

Lû & publié, le sceau tenant, de l'ordonnance de Monseigneur le Chancelier de France, par nous Conseiller du Roi en ses Conseils, Grand-Audiencier de France. A Paris, le vingt-trois Mai mil sept cent soixante-onze. Signé, MOREL.

LETTRES-PATENTES DU ROI,

Données à Verſailles le premier Février 1771.

Qui acceptent les offres des Baillis & Magiſtrats des Villes & Bourgs de la Flandre maritime, & des Châtellenies de Lille, Douay & Orchies, de la ſomme de Quatre-vingt-ſeize mille neuf cent cinquante livres *par année, pour tenir lieu du Don gratuit.*

LOUIS, PAR LA GRACE DE DIEU, ROI DE FRANCE ET DE NAVARRE : A nos amés & féaux les Gens tenant notre Cour de Parlement de Flandres ſéant à Douay ; SALUT. Les Baillis & Magiſtrats des Villes & Bourgs de la Flandre maritime, & des Châtellenies de Lille, Douay & Orchies, Nous ont repréſenté qu'ayant par notre Édit d'Août 1758, & notre Déclaration du 3 Janvier 1759, ordonné la perception d'un Don gratuit extraordinaire à fournir par toutes les Villes & Bourgs de notre Royaume, Nous aurions, pour nous conformer aux uſages, droits & priviléges de la Flandre, diſpenſé dudit Edit les adminiſtrations de ladite Province, moyennant la ſomme de 92333 liv. 6 ſols 8 deniers, qu'elles nous auroient payée annuellement pendant les ſix années que devoit durer le premier Don gratuit, qu'il en auroit été par nous uſé de même lors de la demande du ſecond Don gratuit, au lieu & place duquel nous aurions ſemblablement accepté une ſomme annuelle qui nous fut alors offerte par leſdites adminiſtrations; que notre Édit du mois d'Avril 1768, portant établiſſement de différens droits à notre profit pour le recouvrement d'un troiſième Don gratuit, que nous avons impoſé dans toutes les Provinces de notre Royaume, étant pareillement incompatible avec le régime & les immunités du Pays, leſdits Baillis & Magiſtrats nous ſupplioient de les en diſpenſer; & néanmoins pour nous donner de nouvelles preuves de leur attachement & de leur zéle à contribuer aux beſoins de nos Finances, ils nous offroient de payer annuellement juſqu'au 31 Décembre 1774, la ſomme de 96950 liv. ſans que ce paiement pût tirer à conſéquence pour tous autres priviléges, droits ou exemptions dont jouiſſent les adminiſtrations de la Flandre; & pour les mettre en état de ſatisfaire à leurs offres, leſdits Baillis & Magiſtrats nous ſupplioient encore de les autoriſer, ſoit à prendre tout ou partie de cette ſomme ſur leurs octrois actuels, s'ils le pouvoient, ſans ceſſer d'acquitter leurs charges ordinaires, ſoit dans le cas d'inſuffiſance deſdits octrois, d'y ſuppléer, ſoit par l'augmentation des droits d'iceux, ſoit par l'établiſſement de nouveaux droits ſur d'autres objets de conſommation, ſoit par emprunt, aliénation de leurs biens patrimoniaux & autres moyens, ſuivant les demandes particulieres qui nous ſeront par eux faites, & ſur leſquelles nous ferons, s'il y a lieu, expédier toutes lettres néceſſaires, & deſirant mettre leſdits Baillis & Magiſtrats à portée de remplir les offres qu'ils nous ont faites & les traiter favorablement. A CES CAUSES, & autres à ce nous mouvant, de l'avis de notre Conſeil, & de notre certaine Science, pleine Puiſſance & Autorité royale, nous avons accepté, & par ces Préſentes ſignées de notre main, acceptons les offres à nous faites par les Baillis & Magiſtrats des Villes & Bourgs de la Flandre maritime, & des Châtellenies de Lille, Douay & Orchies, de nous payer annuellement juſqu'au trente-un Décembre mil ſept cent ſoixante-quatorze, la ſomme de quatre-vingt-ſeize mille neuf cent cinquante livres, ſuivant la répartition ci-après : Savoir, la ville de Caſſel deux mille cent livres, celle de Bergues ſix mille trois cens livres, de Dunkerque onze mille cinq cent cinquante livres, de Bailleul trois mille cent cinquante livres, de Bourbourg deux mille cent livres, de Honſchoote dix-huit cent trente-ſept livres dix ſols, de Merville deux mille huit cens livres, de Gravelines deux mille huit cens livres, d'Hazebrouck deux mille cent livres, d'Etaires quinze cent ſoixante-quinze livres, de Wervick-zud, deux cent ſoixante-deux livres dix ſols, de la Gorgue ſept cens livres, d'Armentieres trois mille huit cent cinquante livres, de la Baſſée douze cent vingt-cinq livres, de Comines mille cinquante livres, d'Haubourdin mille cinquante livres, de Tourcoing deux mille deux cent ſoixante-quinze livres, de Roubaix dix-huit cent trente-ſept livres dix ſols, de Seclin trois cent cinquante livres, de Lannoy ſept cens livres, de Lille trente-cinq mille livres, de Douay neuf mille quatre cent cinquante livres, & d'Orchies deux mille huit cent quatre-vingt-ſept livres dix ſols. Le paiement deſquelles ſommes ſera fait en deux termes de ſix mois en ſix mois, entre les mains de François Noël ou de ſes Prépoſés, que nous avons chargé dudit recouvrement, dont le premier terme écherra au premier Juillet prochain, ſans que ledit paiement puiſſe tirer à conſéquence, ni donner atteinte au droit dont jouiſſent les adminiſtrations de noſdites Villes & Bourgs, au moyen de la côte-part pour laquelle ils contribuent dans les aydes qu'ils ſont dans l'uſage de nous accorder. Autoriſons leſdits Baillis & Magiſtrats à prendre tout ou partie de cette ſomme ſur leurs octrois actuels, après les charges ordinaires payées, & dans le cas d'inſuffiſance, nous nous réſervons de les autoriſer à y ſuppléer, en faiſant droit ſur les demandes qu'ils pourront nous faire à ce ſujet. SI VOUS MANDONS que ces Préſentes vous ayez à faire régiſtrer, & le contenu en icelles garder, obſerver & exécuter ſelon leur forme & teneur, ceſſant & faiſant ceſſer tous troubles & empêchemens contraires, qui pourroient être mis ou donnés : CAR TEL EST NOTRE PLAISIR. Donné à Verſailles le premier jour du mois de Février, l'an de Grace mil ſept cent ſoixante-onze, & de notre Règne le cinquante-ſixième. *Signé*, LOUIS. *Et plus bas :* Par le Roi. *Signé*, MONTEYNARD. *Vu au Conſeil.* TERRAY. Et ſcellées du grand ſceau de Sa Majeſté en cire jaune.

Lues & publiées l'Audience tenant cejourd'hui premier Mars mil ſept cent ſoixante-onze, & enrégiſtrées au Greffe de la Cour de Parlement de Flandres ; ouï, & ce requérant le Procureur-général du Roi en icelles, pour être executées ſelon leur forme & teneur, & copies d'icelles envoyées aux Bailliages & Siéges inférieurs de la Flandre maritime, & des Châtellenies de Lille, Douay & Orchies, pour y être pareillement lues, publiées & enrégiſtrées, conformément à l'Arrêt du vingt-huit Février dernier.

Signé, MAZENGARBE.

Lues & publiées ès Plaids extraordinaires de la Gouvernance & souverain Bailliage de Lille, le sept Mars mil sept cent soixante-onze, & enrégistrées au Greffe dudit Siége; ouï, & ce requérant le Procureur du Roi, par le Greffier dudit Siége soussigné.

Signé, D. J. M. POTTEAU.

LILLE : De l'Imprimerie de N. J. B. PETERINCK - CRAMÉ, Imprimeur ordinaire du Roi.

A MONSEIGNEUR,

MONSEIGNEUR LE FEVRE

DE CAUMARTIN,

Chevalier, Marquis de St. Ange, Comte de Moret, Seigneur de Caumartin, Boiſſy-le-Châtel, Ville-Cerf, Dormeilles, Ville St. Jacques, Stagny, la Commanderie & autres Lieux, Conſeiller du Roi en ſes Conſeils, Maître des Requêtes ordinaire de ſon Hôtel, Intendant de Flandres & d'Artois.

LES BATELIERS des navigations des baſſe & haute-Deûles de la ville de Lille, ont l'honneur de vous repréſenter très-humblement, MONSEIGNEUR, que la navigation de la haute-Deûle ayant préſenté à VOTRE GRANDEUR la Requête, dont copie eſt ci-jointe, vous avez par votre Ordonnance du premier Octobre 1770, pareillement ci-jointe, enjoint à tous bateliers des haute & baſſe-Deûles d'avoir des bateaux de longueur & largeur ordinaire.

Cependant la navigation de la haute-Deûle n'avoit entendu parler par cette Requête, que de cinq ou ſix bateliers, qui, avec des petits bateaux qui n'ont jamais été admis, rodoient sur ladite haute-Deûle, en faisant les écumeurs de ladite Rivière, & y chargeant de tous côtés les marchandises, au détriment des bateliers qui ont leurs bateaux en régle.

A la vue de votre Ordonnance, MONSEIGNEUR, ces bateliers écumeurs de ladite haute-Deûle, prétendoient que les bateaux bourois & demi-bourois de la basse-Deûle, auroient été privés d'aller sur la haute, ce qui n'étoit point du tout soutenable de la part de la haute-Deûle, attendu l'Ordonnance de feu Monsieur de la Grandville, ci-devant Intendant de la Province de Flandres, ci-jointe par extrait, & d'où il résulte que les bateaux bourois & demi-bourois ont toujours existés de même que ceux de la navigation d'Aire, dont lesdites trois navigations sont réunies en une seule, quant au travail, par l'Arrêt du Conseil du Roi, du 28 Janvier 1752.

Les navigations des basse & haute-Deûles alloient donc entrer en contestation sur ce que dessus; mais pour éviter toutes difficultés entre elles, on les fit convoquer, & elles firent & signerent le consentement ci-joint en original, pour pouvoir par la suite vivre en paix, & éviter toutes procédures, qui ne sont toujours que trop frayeuses.

Il ne reste donc, MONSEIGNEUR, qu'à confirmer & homologuer ledit consentement, pourquoi les Supplians se retirent vers VOTRE GRANDEUR, à ce qu'il lui plaise ratifier & confirmer le même consentement donné par les navigations des deux Deûles, ordonner que son contenu sera exécuté en entier, & condamner ceux qui voudront y contrevenir, en telles peines & amendes que VOTRE GRANDEUR trouvera bon. Ce faisant, &c.

Signé, MALBRANQUE, Procureur.

OBSERVATIONS

Sur une contestation apparente entre la Navigation de la basse-Deûle de Lille, & celle de la haute.

AVant la construction du Canal de jonction, qui a été achevé en 1751, les rivages des deux Deûles formoient deux culs de sacs, l'une des navigations n'avoit aucune communication avec l'autre.

Ce Canal de jonction achevé, ayant donné l'aisance, tant pour le public que pour le commerce, Sa Majesté toujours attentive au bien être de ses peuples, rendit le vingt-huit Janvier 1752, un Arrêt qui a réuni les haute, basse-Deûles & Aire, pour ne composer ensemble qu'un seul & même Corps, quant à la navigation; avec faculté aux uns de prendre charge chez les autres, & de conduire les marchandises à leurs destinations.

Avant l'ouverture de ce même Canal de jonction, il y a toujours eu sur la basse-Deûle quatre sortes de bateaux, dont les uns sont appellés grands bateaux, contenant soixante lastes, les autres appellés grands bateaux d'havre, & puis encore des autres bateaux d'une continence inférieure, que l'on nomme bateaux bourois ou demi-bourois.

Ceci se prouve par l'article II. de l'Extrait d'une Ordonnance rendue par M. de la Grandville, alors Intendant de Flandres, le treize Novembre 1734, ci joint.

Les bateaux bourois ont de longueur soixante-quinze pieds, & de largeur dix pieds; les demi-bourois ont quarante-cinq à cinquante pieds de longueur, & aussi dix de largeur.

Par l'Arrêt du Conseil de 1752, ci-devant cité, & qui porte la réunion entre ces trois navigations, tous les bateliers de la basse, haute-Deûle & Aire, qui ont été admis, ou se sont fait admettre du depuis, ont eu le droit, & sur-tout ceux de la basse-Deûle, de naviger avec leurs bateaux bourois & demi-bourois, sans que depuis lors, on leur eût fait la moindre contestation.

Pour prouver la nécessité desdits bateaux bourois & demi-bourois, on observe qu'il y a sur la rivière de Lys, quantité de petites rivières qui abordent dans la forêt de Nièppe, où on ne sauroit prendre par charois les bois, de même que plusieurs marchandises que l'on va chercher à Hazebrouck, Etaires, Merville, & quantité d'autres endroits voisins adjacens.

Pardessus ce, tous les bateaux ordinaires des basse & haute-Deûles ne peuvent aller dans tous les endroits, & sur-tout passer l'écluse de la Boure, par la raison que cette écluse n'étant que de dix pieds de largeur, & les bateaux ordinaires des basse & haute-Deûles, étant de treize pieds deux pouces, & même quelque fois de quatorze de largeur, il leur est donc bien impossible d'outre-passer ladite écluse.

Dans la guerre de Flandres, tous les bateaux des basse, haute-Deûles & d'Aire, ont fait des transports de vivres, artilleries, poudres, &c. mais au siège de Menin, on a eu besoin de certains petits bateaux, nommés demi-bourois, que l'on a chargés de poudres, pour être conduites jusques aux bateries, où ces bateaux, tant bourois que demi-bourois, ont servis dans ce temps, & serviront encore quand le cas y échéra.

Les marchandises que lesdits bateaux prennent dans les petites rivières adjacentes à la Lys, sont conduites par les bateliers à Aire, Lille, Douay, Arras, St. Amand & autres endroits.

Ces bateaux nommés bourois ou demi-bourois, prennent en retour des marchandises, pour être conduites tant à Etaires, Merville, la Gorgue, Hazebrouck, qu'autres endroits, où, comme on l'a déja dit, les grands bateaux des basse & haute-Deûles ne pourroient se rendre. Ainsi voilà donc la nécessité prouvée d'avoir des bateaux bourois & demi-bourois.

Avant la communication des deux rivières, il n'avoit jamais été d'usage d'avoir sur le Canal de la haute-Deûle aucuns petits bateaux, cependant cinq ou six bateliers de ladite haute-Deûle, qui dans le principe s'étoient fait aggréger avec des bateaux ordinaires, s'ingérerent d'en acheter des plus petits, que l'on dit n'être bourois ni demi-bourois, & qui ne peuvent pas porter les mêmes charges que ces derniers bateaux.

Sur les plaintes portées par les bateliers de la haute-Deûle à leurs syndics, ces derniers furent contraints de présenter Requête à Monseigneur l'Intendant, qui, par son Ordonnance du premier Octobre 1770, a enjoint à tous bateliers d'avoir des bateaux de longueur & largeur ordinaire.

Par la Requête desdits syndics de la haute-Deûle, ils n'ont nullement parlé des bateaux bourois & demi-bourois de la basse-Deûle, parce qu'ils savoient que ces bateaux ont toujours été d'usage.

Cependant cette Ordonnance ayant compris tant la basse-Deûle que la haute, & cela sans doute par inadvertance, ceux de ladite haute-Deûle prétendent aujourd'hui empêcher les bourois & demi-bourois de naviger sur la même haute-Deûle.

Ils apportent pour raison, que leurs bateaux, que l'on nomme bateaux suivants & petits bateaux, contiennent la même charge que les demi-bourois, & qu'ils ont de même qu'eux leurs rœux, (endroit qui sert pour le coucher & le ménage d'un batelier.) que leurs bateaux ſont auſſi ſolides que les leurs, & qu'ils ſont munis de tous leurs agrès.

Si tant eſt que cela ſoit, il y auroit de l'injuſtice aux bateliers de la haute-Deûle, d'empêcher les bateaux de leurs confrères de naviger.

Il y auroit même de l'injuſtice auſſi aux bateliers de la baſſe-Deûle, d'empêcher leſdits petits bateaux de la haute, de naviger ſur la Lys, & d'aller dans les petites rivières adjacentes, de même que dans les Bourgs ci-devant cités, par la raiſon toute naturelle que l'un ne doit pas préjudicier à l'autre, que tous bateliers doivent vivre, & que d'ailleurs, les bateaux doivent être proportionnés aux rivières, tant pour le bien être du public, que celui du commerce.

Ayant été fait lecture des obſervations ci-deſſus, tant aux bateliers de la baſſe que celle de la haute-Deûle, cejourd'hui aſſemblés, ils ont délibéré d'une voix unanime, que les bourois & demi-bourois de la baſſe-Deûle, qui auront les longueur & grandeur ci-devant énoncées, doivent pouvoir aller ſur la haute-Deûle, de même que les bourois ou demi-bourois qui peuvent ſe trouver ſur la haute-Deûle, d'aller auſſi ſur la baſſe-Deûle, au cas qu'ils ſoient des dimentions ci-deſſus, ſans cependant que ſous ce prétexte aucuns bateaux ſuivants ne puiſſent naviger ſur ladite haute-Deûle. Ainſi fait & convenu dans l'aſſemblée deſdits bateliers du trois Janvier mil ſept cent ſoixante-onze. *Signé & Marqué*, Pierre-Louis le Secq, Joſeph Demailly, Hubert Lorthior, Jean-Baptiſte Courty, Pierre Hachin, Antoine le Secq, François Dupont, Nicolas-Joſeph Wourme, Antoine-Joſeph Pruvoſt, Jacques-François Boſſart, Philippe Comere, Jean-François Gambier, Charles Logeon, P. J. Kute, Michel-Ange Bourez, Nicolas Dupont, Jacques Gambier, Laurent Dancoiſne.

Les soussignés Receveurs & Procureur des navigations des basse & haute-Deûles, certifient avoir vu faire les signatures & marques ci-dessus. *Signé*, *MALBRANQUE*, Proc. *LIRONCOURT*, *DAMBRINNE*.

VU la Convention ci-dessus, & notre Ordonnance du premier Octobre mil sept cent soixante-dix.

NOUS, INTENDANT de Flandres & Artois, avons approuvé & homologué ladite Convention, pour être exécutée selon sa forme & teneur; en conséquence avons permis l'usage des bateaux appellés bourois & demi-bourois de la basse-Deûle, dans la haute; dérogeant à cet égard en tant que besoin, à notredite Ordonnance du premier Octobre mil sept cent soixante-dix.

Fait à Lille, le quinze Février mil sept cent soixante-onze. *Signé*, CAUMARTIN.

Lille : De l'Imprimerie de N. J. B. PETERINCK-CRAMÉ, Imprimeur ordinaire du Roi.

ORDONNANCE

De M. l'Intendant de Flandres & Artois,

Concernant les Brays ou Grains germés des Brasseurs.

En marge d'une Requête présentée à M. DE CAUMARTIN, le 26 Décembre 1770, par M. THIERRY, Directeur des droits des Quatre-Membres de la Flandre maritime, tendante à ce qu'il fut permis aux Commis des Domaines de Deuslemont, d'exiger des Brasseurs de l'étendue de ce Bureau, de faire des déclarations des Brays ou Grains germés, qu'ils conduiront aux Moulins de la Châtellenie de Lille, pour les y faire moudre, ou qu'ils rapporteroient tous moulus desdits Moulins, attendu que lesdits Commis n'ont pas droit d'exercer les Moulins de ladite Châtellenie, & d'y faire les retrouves prescrites par l'Art. XXIX. de l'Ordonnance des Quatre-Membres, du 16 Avril 1672, fol. 218, est l'Ordonnance de M. l'Intendant, dont la teneur suit.

VU la présente Requête.

NOUS, attendu les circonstances, avons autorisé les Commis du Domaine, à exiger des Brasseurs de Deuslemont & de ses Dépendances, de ne pouvoir transporter, dans les Moulins de la Châtellenie de Lille, aucuns Brays ou Grains germés à eux appartenans & destinés pour leurs fabrications des Bierres, après qu'ils y auront été moulus, sans au préalable avoir fait une déclaration exacte de l'objet & de la quantité de Rasieres desdits Grains germés qu'ils conduiront dans lesdits Moulins, ainsi que de la quantité de Rasieres que les Meûniers leur auront rapportées, à peine de confiscation desdits Brays, ou des excédens si aucuns s'en trouvent, à peine de cent florins d'amende. FAIT à Lille, le 28 Décembre 1770. *Signé*, CAUMARTIN.

EN MARGE d'une Requête présentée à M. de Caumartin, le 13 Février 1771, par ledit sieur Directeur des droits des Quatre-Membres, tendante à ce que, vu l'inexécution dudit Art. XXIX. dans la plûpart des Bureaux de la Flandre voisine de l'Etranger, tels que ceux de Merville, Étaires, Blaringhem, Hazebrouck, Steenwerck, Steenvoorden, Watten & Dunkerque, où les Brasseurs du district de ces Bureaux, font transporter leurs Brays ou Grains germés, dans les Moulins à vent ou à eau, soit de ladite Châtellenie de Lille & de l'Artois, soit du Pays de la Reine, pour y être moulus, & où la plûpart en achetent tous moulus, venant d'Aire, Saint-Omer, ou d'ailleurs, l'Ordonnance de M. de Caumartin, du 28 Décembre 1770, fut rendue commune pour les Bureaux ci-dessus désignés, est l'Ordonnance de ce Magistrat, dont la teneur suit.

Vu la présente Requête & notre Ordonnance, du 28 Décembre dernier, concernant les Brasseurs de Deuslemont & de ses Dépendances, ensemble l'Art. XXIX. de l'Ordonnance des Quatre-Membres, du 16 Avril 1672. Tout considéré.

Nous avons rendu ladite Ordonnance commune aux Bureaux de Merville, Etaires, Blaringhem, Hazebrouck, Steenwerck, Steenvoorden, Watten & Dunkerque; enjoignons en conséquence aux Brasseurs desdits Bureaux de s'y conformer, soit qu'ils conduisent leurs Brays ou Grains germés aux Moulins de l'Etranger, pour les y faire moudre, soit qu'ils les rapportent moulus desdits Moulins, & finalement soit qu'ils les aillent acheter à Aire, Saint-Omer, ou ailleurs, tous moulus, & qu'ils les fassent entrer chez eux pour les employer à leurs fabrications ordinaires, & ce sous les peines portées par ladite Ordonnance; permettons de faire imprimer la Présente & celle y énoncée, par-tout où besoin sera, aux frais du Suppliant. FAIT à Lille, le 16 Février 1771.

Signé, CAUMARTIN.

Lille : de l'Imprimerie de N. J. B. PETERINCK-CRAMÉ, Imprimeur ordinaire du Roi.

TRAITTES.

D.on de Lille.

Lille le 25 Février 1771.

ON desire savoir, *MONSIEUR*, s'il passe fréquemment des frontiéres de la Flandre & du Haynaut, des bêtes à cornes à l'Etranger. Je vous prie de faire au reçu de ma Lettre, à compter du premier Janvier dernier, jusqu'au dernier du présent mois, le dépouillement de votre Registre de Déclarations, de la quantité de vaches, genisses & veaux sortis par votre Bureau, pendant ledit tems, pour la destination de l'Etranger. Vous m'adresserez cet Etat sans y manquer le premier ou le deux Mars prochain au plus tard, pour que je puisse en former de suite l'Etat général, & l'adresser a la Compagnie. Dans le cas où il n'en sera pas sorti par votre Bureau, vous m'adresserez votre certificat de néant.

Le Directeur des Fermes du Roi.

DE PAR LE ROI.

ANTOINE-LOUIS-FRANÇOIS LE FEVRE DE CAUMARTIN,

Chevalier, Marquis de St. Ange, Comte de Moret, Seigneur de Caumartin, Boiſſy-le-Châtel, Ville-Cerf, Dormeilles, Ville St. Jacques, Stagny, la Commanderie & autres Lieux, Conſeiller du Roi en ſes Conſeils, Maître des Requêtes ordinaire de ſon Hôtel, Intendant de Flandres & d'Artois.

VU l'Arrêt du Conſeil du 10 Juillet 1770, par lequel Sa Majeſté, en jugeant les conteſtations qui s'étoient élevées entre le Fermier des droits de franc-fief & les États des villes & châtellenies de Lille, Douay & Orchies, ſur la nature des titres qui doivent être produits pour la preuve de la roture des biens fonds, a ordonné que les Propriétaires, qui prétendront leurs héritages être de qualité roturière ou cottière, ſoient tenus d'en juſtifier, ſoit par la repréſentation des déclarations cenſuelles, reçues ſans blâme par les Seigneurs ou leurs Officiers, ſoit par autres titres en bonne forme, & ſuffiſans pour établir la qualité roturière ou cottière deſdits héritages ; & attendu qu'il eſt néceſſaire de fixer invariablement quels ſont les titres qui peuvent ſuppléer à l'impoſſibilité, où l'on ſe trouve ſouvent dans cette Province, de prouver la roture des héritages par des déclarations cenſuelles, afin de prévenir les difficultés qui pourroient naître à chaque occaſion ſur cet objet, & d'exciter autant qu'il ſera poſſible l'attention & la ſurveillance des Seigneurs & des Cenſitaires, pour la conſervation de leurs droits reſpectifs, d'où dépend également la manutention exacte des droits, dont Sa Majeſté jouit à titre de ſouveraineté ; vu ſur ce les mémoires & obſervations, tant deſdits États des villes & châtellenies de Lille, Douay & Orchies, que du Fermier des droits de franc-fief de ladite Province de Flandres ; enſemble la lettre à nous écrite par M. le Contrôleur - général, ſur le même objet, le 8 Septembre 1770. Tout conſidéré.

Nous ordonnons que ledit Arrêt du Conſeil, du 10 Juillet 1770, ſera exécuté ſelon ſa forme & teneur ; & faiſant droit ſur les concluſions reſpectives des parties, déclarons qu'à l'avenir les particuliers qui ſeront pourſuivis pour le paiement des droits de franc-fief, ſeront tenus de prouver la nature cottière des héritages par des déclarations cenſuelles, aveux & dénombremens, leſquels devront être reçus ſans blâme par les Seigneurs ou leurs Officiers, & paſſés pardevant Notaires, dont expédition ſera remiſe aux Seigneurs, & une autre au Cenſitaire ; & à défaut de rapport deſdites déclarations cenſuelles, aveux & dénombremens, déclarons que nous admettrons, pour ladite preuve, les Extraits de Terrier, pourvu que les copies en ſoient certifiées véritables, & conformes à l'original, par un Notaire, comme auſſi des actes de partage & des contrats de vente anciens, où les tenans & abouts ſeroient exactement déſignés, & où l'on pourroit reconnoître la vérité par la confrontation avec les nouveaux titres de pareille nature ; ſeront admis pareillement les actes d'adhéritement & de deshéritement en bonne forme, & au nombre de deux au moins, ainſi que les titres ci-deſſus, relativement aux mutations plus ou moins fréquentes que leſdits biens auront éprouvées ; & dans le cas où depuis un tems immémorial leſdits biens ſeroient reſtés dans la même famille, ordonnons qu'il en ſera fait preuve, de manière à ne laiſſer aucun doute ſur cet objet, déclarons inſuffiſant, pour la preuve dont il s'agit, les quittances du cens annuel ou de celui qui ſe paye à la mort du Cenſitaire, ſi leſdites quittances ne ſont ſoutenues de copies de Terrier dans la forme ci-deſſus preſcrite.

Déclarons au ſurplus que les contrats de vente antérieurs au 21 Janvier 1749, qui ne diſtinguent pas la qualité des héritages,

& ne contiennent aucun détail des tenans & aboutiſſans, ne ſeront d'aucune conſidération, & que nous n'aurons égard à ceux paſſés depuis ladite époque, qu'autant qu'ils contiendront l'énonciation preſcrite par ledit Arrêt du Conſeil, ainſi que les tenans & aboutiſſans, d'après leſquels on pourra juger de la véritable conſiſtance des fiefs & des coteries : Et ſera le préſent Réglement imprimé, lu, publié & affiché par-tout où beſoin ſera, à ce que perſonne n'en ignore ; & exécuté nonobſtant oppoſition ou appellation quelconques, & ſans y préjudicier.

Fait à Lille, le vingt-huit Février mil ſept cent ſoixante-onze.

Signé, CAUMARTIN.

Lille : De l'Imprimerie de N. J. B. Peterinck-Cramé, Imprimeur ordinaire du Roi.

www.ingramcontent.com/pod-product-compliance
Ingram Content Group UK Ltd.
Pitfield, Milton Keynes, MK11 3LW, UK
UKHW020921180726
13838UKWH00002B/691